新公民議會叢書・第一冊

城邦與帝國

兩種文明的選擇

韓非——著

自序

前賢言，二、三十歲時沒有「左」過，就沒有年輕過。我是有年輕過，也左過。在那時的歲月裡，你敢左？只能「宅左」，最多只能和同好的「小朋友們」，自命是社會主義者，躲在咖啡廳裡，討論諸如「費邊社」的社會重建理論。只要能夠抓住幾個大字眼，把自己的思緒，從窄小的空間，盡力往外推，理論不懈，自以爲可以成就非凡，問茫茫大地，誰主天下？

年少輕狂，倒是有經國濟世之志，寫起文章自以爲是很了不起的大事，甚麼「知識分子的責任」，琅琅上口不絕，簡直氣吞山河如虎，固一世之雄也！這可算是年輕生命躍進的力量！

生命躍進不久，馬上就撞到天花板。有位公費留學生級的相識說，你們連交流電、直流電的差異都搞不清楚，何況相對論、量子力學和李氏群論，還談甚麼思想和理論？有號稱「經濟學大師」的朋友說，你們連凱因斯、新凱因斯理論，古典、新古典主義，都不明白，還談甚麼主義？就丟給我們一本山穆森第十幾版的《經濟學原理》，外加一本《計量經濟學》，說道：「（洗面革心）好好努力！」

幸好當時計算機理論，還不算是如日中天的顯學，要不然再有人丟來一本《演算法》、《作業系統》和《Compiler 的原理和設計》；如果你又不幸在哲學系聽到甚麼「哲學就是語言分析」，你自以爲是的小小宇宙，一定會爆炸崩潰！

宇宙崩潰了，你如何尋找和肯定自我？有兩種可能：一是，洗面革心，整天K教科書，一分不讓，爭取好 grade，有朝一日可以到異邦，很方便可以每天讀 NY *Times*，公然研究共產黨黨史，買本《好色客》過過情色癮；二是換個系，不要再讀困難，但「可吃遍天下」的理工，而投入社會改革運動，此舉你若過分貞誠，就會有「自焚」的危險；我說的不是很有名，許多人可以「消費」的那位言論自由烈士；我說的是一位來自鄉下，低調而沉默的那位，現在有多少人知道他是誰？爲了甚麼改革，而在總統府前自焚？

這本集子收錄這幾年來在「新公民議會」網站所寫的部分短文，很可能只是「黑白講」或是難登大雅的「爛斷朝報」。收集這些短文，「自娛」成分絕對大於「淑世」。前賢說：求知不能在雜誌上找，絕對是至理名言；假如有讀者在捷運上隨意翻翻，或許靈光一閃，接著尋找相關的專書、專題，必然功德無量！

此序倒不是輕侮有關文史哲學讀書人的小敘述。實事求是、批判精神，不必也不會全由學術專著來承擔。作者試舉一例：文革前，《北京晚報》有一「三家村」專欄，有篇文章，說的是這樣的「歷史」故事，作者說，明朝有位皇帝遊太湖，見太湖之遼闊，喟然落淚。皇上說，要是太湖是農田，萬畝農桑，必能養活多少百姓！伴隨的王公大臣，隨即上奏，皇上仁民愛物，百姓之福，只要我們能在太湖旁，再挖個太湖，把湖水引到新太湖來，老的太湖不就是萬畝良田了嗎？

短短文章，巧思諷微，不著痕跡，大概是在批判毛某人的三面紅旗。作者大概是「三家村」中的那位明史學者。韓某不敏，讀過其所著作《朱元璋傳》，卻沒有此篇短文印象深刻，數十年難忘！

「社會改革工程」倒不見得是這個改革、那個改革，金融啦，司法啦，媒體啦，交通啦，或許你我寫點小文，編創些故事，滴水能穿石，細土可成泰山。原來社會改革可以從此開始，慢慢來，卻可能成效卓著，Slow but Sure，這不就是「費邊社」的社旨嗎？老朋友「洪費邊」你覺悟了嗎？這也算是作者這位「老左派」的「新右派」覺悟！

韓非

目錄

自由意志、決定論與歷史

2014年6月25日

「政治乃眾人之事」，眾人之良窳不是就決定政治之良窳？

有人格的國民，才會有人格的國家，聽上辦事，無獨立意志的奴才，創造不了一個偉大的國度。

有些動物的中樞神經系統，在牠們出生後三個月就已完全定型，不會再有發展。有個動物學家把一隻剛出生的鶴完全和外界隔離，只和他一起生活三個月。從此，牠就認牠和人類是同類。相對於這些動物的人類似乎是高明多了，但到底高明多少？很值得我們深究。

亞里斯多德認爲人是政治的動物，我們就以政治意識和信仰作爲標竿，來探討人類到底有多高明？

政治思想家歐威爾（George Orwell）曾寫過：「人的政治信仰是當我們於襁褓時，被母親帶入教堂（以西方人爲例）的那一刻就決定了。」歐威爾對於人的政治原性是相當悲觀，不會比三個月的動物高明多少，很早年歲就被決定了。早被決定是不是事實？這是很重要的課題，西方傳統有決定論和自由意志之爭，前面歐威爾之言，算是決定論之一種。這個課題爲什麼重要呢？因爲孩子上了教堂而被決定後，孩子長大成人，是不是需負因政治意識所引發行爲的道德責任？

這裡我們不作有關自由意志和決定論的哲學討論，這些討論會牽扯上本體論或知識論。我們甚至可以激進地認爲哲學的問題僅是語言的問題，只要作語言的分析即可，如同計算機的編譯法（Compiler）。自然語言再深也深不過數學的「數論」。

我們可從純淨的哲學轉移到庸俗的社會政治面，我們就以老套馬克思主義當做決定論的範例來討論。馬克思的歷史決定論認爲經濟物質的條件可以決定歷史，因此歷史發展是可以預測的。

但是物質經濟的條件是會因生產工具的突破、創新而改變，而工具的創新是基於知識的創新，知識的創新是不可能預測的，因此歷史是不可能預測的——沒有所謂歷史決定論。

七十年代的半導體製作技術發展所提供積體電路的平臺，造就今日網際網路的新世界，七十年代前，誰能預測到這個？新世界還在演化中，誰能預測更新的新世界是何種面貌？簡單半導體技術就會有這樣衝擊，何況更複雜的有關生命的分子生物學？

我們可以再舉另一個歷史事實，這是和哲學的自由意志有關，依李約瑟（J. Needham）《中國科技史》研究，他認爲古代中國本土道家的傳統中有相當的科學精神和成就，但後來這些本土科學精神爲什麼一蹶不振？是因爲佛教引入和佛教信仰，佛教教義中的「無」對道家相信自然界的「有」傷害很大。

如果沒有魏晉清談之風，佛教應該沒有成長的沃土，可以從一文化的時尚，成長到有關人生意義的顯學。連強調「不知生，焉知死」的教派也要玄理一番，發展出心性之學與之競爭。

中土對第一次外來（天竺）文化的挑戰是無力抗拒，臣服與之同化。顯見本土個體的精神（自由意志）之孱弱，這是不是大帝國形成太早，定於一尊，個體獨立性（自由意志）飽受摧殘？有帝國就會有國教，有國教就會有大傳統。個體只能在其中尋找卑微的地位。更甚者，大帝國需要有大水利，要大量徵調動員民工，帝國對百姓的戶口調查、控制，無所不用其極，百姓眞是難逃天地之間。

大帝國、大傳統演化出來是一治一亂的歷史循環論，一治就人口大量增加，但土地農業技術所能養育的人口有其限度，加上難免天災，天下就大亂，人口大量喪失。

因而土地取得容易，是另一波天下大治的開始。這種帝國結構是很難應付第二次來自海洋外來文化的挑戰，李鴻章當年曾說，這是三千年來未有之變局。

當年的變局經歷百年犧牲（有如歐陸的百年戰爭）眞的獲得解決了嗎？或是解決在望？當年的大帝國變成今日的大黨國。馬克思主義是西方高度知識化的體系，歷史經驗雖證明其謬誤，不能用，但至少學會社會經濟的分析技術，這些分析技術加上黨國資本主義，再加上政治上的民族主義，就是中國式的社會主義嗎？就是今日的大傳統嗎？

有位偉大的革命領袖曾說過「政治乃眾人之事」，眾人之良窳不是就決定政治之良窳？西諺說，哪種政府決定哪種人民；也可以說哪種人民決定哪種政府。我們常說自由民主是普世價値，事實是，自由民主是一種技術，是發展國民自由意志成就國民人格的技術。袁世凱稱帝時，蔡松坡將軍於雲南起義，反對的理由是「爲國民爭人格」。是的，爲國民爭人格。中華民國的公民大概都忘了這位中華民國北洋政府的偉大軍人，他知道有人格的國民，才會有人格的國家，聽上辦事，無獨立意志的奴才，創造不了一個偉大的國度。

自己的歷史　自己解釋

2014 年 7 月 31 日

歷史只是歷史解釋，所謂歷史只是以歷史的事件作爲平臺，所作的歷史解釋而已。因此英國歷史有所謂輝格黨的歷史解釋；從法國大革命到第一次世界大戰間，幾乎整個十九世紀的法國都在爭論王權派、共和派或社會主義派的歷史觀點。例如說，1871 年巴黎公社事件如何解釋？即使最喜歡找尋共識的日本也有所謂薩長（薩摩藩、長州藩）對明治維新的歷史解釋。再看歷史最平順的美國，近年來每次大選都有所謂紅軍州、藍軍州之別，南北區域間楚河漢界。事實上，是因爲對內戰歷史的解釋不同，衍生相異的政治態度。文化上，誰說南北戰爭已經結束？今年，剛好是第一次世界大戰爆發一百週年，持續四載的戰爭殺戮數百萬一代歐洲精英，改變人類文明和歷史事件的原因，當然也有不同的歷史解釋。有些歷史學家說是德國中了英國奸計（德國擴充大海軍，參與非洲殖民地爭奪及柏林——巴格達鐵路計劃都威脅大英帝國利益），也更有歷史學家認爲奧國的王儲在塞拉耶佛（Sarajevo）被刺只該是嚴重外交事件，假如俄皇尼古拉不以斯拉夫民族解放者自居，支持塞爾維亞（Serbia）全面動員俄國軍隊，局勢也不會一發不可收拾。

我們可以俄皇震怒說爲例，繼續我們的歷史討論，如果俄皇尼古拉不熱躁暴怒，可能就不會有第一次世界大戰，就不會有凡爾賽條約中，處理誰來承繼德國在華利益的山東問題，沒有山東問題，也不會有五四學生的愛國運動。又假如第一次世界大戰不發生，德國政府的特務也不會在戰爭末期，偷偷地把流亡在歐洲的列寧走私運回俄國，就不會有布爾雪維克的十月革命，就不會有「共產國際」，也不會有鮑羅廷和《蘇俄在中國》。偉大的中國革命導師也不會審視時勢，想趕上世界潮流而接受革命先進國家的經驗和奧援來國共合作。俄國人穿列寧裝，我們穿中山裝，軍營中他們有列寧室，我們有中山室；他們有赤卡（Cheka），我們有軍統；他們有紅軍，我們有國民革命軍。這一切好像我們已趕上世界最新的潮流，偉大的中國革命導師愉悅地說出「民生主義就是共產主義」的千古名言！

因此，假若俄皇尼古拉不暴怒，中國現代歷史會不會不一樣？是好是壞？是福是禍？

本文想表達倒不是歷史的虛無論，而是歷史的偶然論。歷史都有偶然和任意的成分，在天平任一方加上一絲稻草，天平就會傾斜。說過去發生一定是唯一的、必然的、是偉大的、恥辱的，都是缺乏想像能力的結果。再以第二次世界大戰爲例，軍事家估算希特勒若多兩年的準備，戰爭的結果就很難預料。德國 V-2 飛彈早一年上場，諾曼地登陸是幾乎不可能。發現原子核會分裂是德國的物理學家，而且德國也有與愛因斯坦同等級的偉大物理學家海森柏格（W. Heisenberg）。海氏在政治上有法西斯的傾向，卻沒有向德國當局進言發展核子武器，這些事例當時一定被視爲不是那麼重要，但若偶然地被發現受到重視，及早執行，對歷史結果的衝擊是很難估算。

我們可再以西安事變作爲另一事例，假若沒有西安事變，或是即使有西安事變，但假如史達林不認爲蔣介石是唯一能領導對日本抗戰而消滅關東軍對蘇聯遠東威脅，而不全力相救，蔣委員長可能就被張學良、楊虎城及中共公審而處決，那麼中國的現代史又要重寫。

西安事變的結局，蔣氏「攘外必先安內」的軍略完全破滅，在救國家、救民族號召下全力抵抗日本軍閥蠶食華北、建立第二滿州國的企圖，不再像「何梅協定」、「冀察政委會」時採取的綏靖妥協策略。蘆溝橋事變日軍踩了西安事變後新的紅線，區域性的衝突演變成全面對抗，兩敗俱傷。史達林的戰略成功了，毛澤東說：「全中國解放要感謝日本軍閥。」

因此，歷史事件的發生有其偶然，甚至是荒謬的成分，爲了有更廣闊的歷史視野及更靈敏的歷史感受，一種替代性（alternative）的歷史看法是必要的。假如第一次世界大戰不發生會怎麼樣？假如俄國革命不成功（它的成功有其僥倖的成分）又會怎樣？假如沒有西安事變會怎樣？假如 1939 年五月發生在外蒙的諾門罕戰役，日本關東軍能擊敗蘇聯紅軍，日本陸軍必然沿西伯利亞鐵路到貝加爾湖，尋找戰略的油源，而不依賴海軍所提南下印尼、婆羅洲和英、美、荷衝突，那麼太平洋戰爭不會發生，甚至蘇聯感受到東線的壓力，史達林會不會不敢和希特勒簽訂密約，瓜分波蘭，引發英法對德宣戰，希特勒會不會多二、三年的準備？

西方世界從啓蒙時代開始，都有個進步（progress）的觀念，大部分十九世紀代表進步的力量是自由主義和民族國家的獨立。十九世紀末至二十世紀初，是左派社會主義，卅年代最進步的蘇維埃政權卻被證明是最極權和反動的。那麼「什麼是進步的內涵？誰代表眞正進步的力量？」都需要解釋。歷史是歷史解釋出來的。「偶然」需視爲「必然」，是理性發展進步的力量，假若能完成控制宣傳的工具，可以令整個國家民族發狂，讓每個人都認爲自己是個具體而微的偉大領袖！

那麼過去眞正的歷史是什麼？事實上，沒有眞正的歷史，歷史是根據新的一代人解釋而出現的。假如新一代人不想解釋它，放棄自己的解釋權力，只有命中注定地接受不相干的過去人所創作、所解釋的歷史，而受其控制。因爲人的文化和歷史是有結構的，這個結構多少控制我們的思想和行爲，若我們不願思索新的歷史解釋，對舊有的結構有所批評，甚至畏怯創作自己的歷史，我們只有配合生存在那結構中，絕對沒有哲學家柏格森（H. Bergson）所說「文明躍升」的能力。

幸運地，今日工藝技術的進步，沒有一家一姓，一個政黨和政府能控制全民的思考。偶然發生的，或是偶然發生而被撲滅，或是被壓抑而一時沒有發生的；人類全面的歷史，而不是某民族的歷史；都可以是我們創作歷史的元素，我們有選擇的權力。我們可選擇對我們相干的，對我們有意義的歷史，歷史的結論不在過去，歷史的結論在未來。

我們無需對過去歷史負責，我們需對未來歷史負責，自己的國家自己救，自己的歷史自己創作，自己解釋。

仲夏夜夢：不要摸錯門

2014 年 9 月 14 日

看新少主登場，威風凜凜，英豪九尺。
我非倭人，好行小惠，祈求愛憐！
蒼茫大地，誰頂天，主浮沉？
數英雄風流，且看今朝！家裡的長輩說，我投胎時沒有摸對鐵門，才會跟著他們鴉鴉烏烏，平庸半生。

某仲夏夜中，我夢見我推開他們所說的那扇鐵門，走進一片廣樑華廈，遇見我的人都恭稱我爲大公子。我發現：

我有一位官運亨通的好爺爺，
有一位能點石成金的好奶奶，

更有一位繼承金山而不需繳一文稅的富爸爸。我開了一瓶不知道價錢的 Romanée-Conti，

為我美麗像一朵玫瑰的太太，
開個百萬元生日趴。
Roses are red, my love；
紅酒、玫瑰和我們的夏日情；
我還可以和兔女郎跳曼巴，
匈奴可以不滅，先要有個快樂的家，
這種 beautiful life 誰不要？
富爸爸會召集富伯伯、富叔叔和富姨姨，
和我一起上天朝皇廷。
最高領導人問我為什麼長得那麼高大？
我們改革開放的偉大領袖也不過是五尺的細漢；
頂天不一定能立地，我還是要鼓勵，
你要選舉我放千百個心，
看來你不像是忘恩負義的香江普選民主派！

長輩的鼓勵與相信，
我趕緊回來找大將，
東挑西選我尋到哼哈黑白兩將軍。
黑將軍會把我的敵人從白噴到黑，
胃裡奇大裝滿了墨水，
每日一噴，其勢有如土石流，
教我敵人如何不害怕？
白將軍會把我的黑點漂成白，
無論我說什麼 silly 話，
他都能拗成箴言共八字，
還要爲我編「語錄」：國民行爲修養教科書，
如何騷擾美妹是重點！
還有我組織了大連艦隊戰鬥群，
火力強大，舉世皆知。
山本大將一定很懊惱，
當年突襲珍珠港，爲何沒有它！

艦隊假如開航頓河上，
十個德國第六軍團都會命喪，
史達林格勒城旁，
誰還需要有個大元帥，名叫朱可夫！
諾曼第登陸大反攻，
我的艦隊要是在場，一定打前鋒，
艾森豪將軍不假思索，立即說 OK！
我文武全才，何人不曉？
我會用英語向國際招募商機，
我會說我們有個寶貝地方，
其中有個島叫社子島，
有個港叫南港，
有一座山叫松山，山上還有個大機場，
世界上哪有這麼好的投資地方？
一席 Keynote 演講畢，
舉座拍手叫絕，稱讚我的英語說得如此好，

像是來自紐約西邊中城有教養的家，
沒有一絲粗俗、藍領、波士頓腔。
其實我還有個大計劃：
我會帶著數百大法師，領著成千上萬好兄弟，牽己引到野豬坑。
從此本市擁有好大一片珍珠地！
國民華廈林立，不再黑烏烏，四處點光明。
即使夜深沉靜，也無陰靈氣，還會有社會正義！
遺憾我只敢在他們的原居地，寄宿兩晚，
證明如此新天地，會多麼有人氣！
爲了證明我多麼平民，割稻、挑擔我都來，
汗流浹背，人生首次政治傳播效果好：
我是出身丐幫，寒門之子弟，
不要惡意誣指我是四大家族之首富。
十一月後，我一定是你們的長官，
不用懷疑我對你們的愛意，
選上我是你們的榮譽。

妖言說我家最美麗的福晉，
是我能獲得最後勝利之武器。
誰說大明王朝我說錯，連記大明不會淪爲喪家之南明。
黃埔大軍不是從南打到北，匈奴有什麼好畏懼？
看新少主登場，威風凜凜，英豪九尺。
我非倭人，好行小惠，祈求愛憐！
蒼茫大地，誰頂天，主浮沉？
數英雄風流，且看今朝！

仲夏夜半，夢醒心難平，輾轉反側難再眠。
半生辛勤與顛簸，僅餘食糧米五斗，
根紅苗正新階級，拜金主義是民情。
徒呼負負英雄夢，豎子成其名而我不能：居然源自摸錯鐵門故。
來年輪迴我一定能，敲得鐵門咚咚響，不達天聽，絕不罷休！

寶石乎？石頭乎？

2014年11月11日

還不算很久以前，一群先知告訴我們，他們發現一顆大寶石，一世紀難得一次，學名叫做「溫良恭儉讓」。這寶石，我們被告知，擁有神奇的能量，只要我們擁有它，膜拜它，我們的命運會立即不一樣：每個人年收入平均三萬美金，眉開眼笑，而且充分就業；經濟發展速度空前，是今日美利堅的兩倍，可以和中國稱兄道弟，不相上下；我們的國家會步入歷史新境界，連進入涅槃化境，胖胖的老和尚都相信。

可惜，不需要時間太長久，高能量的寶石，居然像凌空而降的大隕石，是老天掉下來的玩笑！寶石變成攔路大石頭，還繼續冒煙放熱，我們拿它不得，只能繞道而行，哀聲嘆氣，只怪自己福分不足，時運不濟。

爲什麼寶石變成石頭？總要給我們一個解釋吧！先知們很快地就有個新理論：大

環境不同了！全球暖化，連地球磁場的磁極都異位了，怪不得寶石變石頭！因爲大環境改變，先知們很嚴肅地再預測，會有新的寶石噴出來，這次的寶石的學名叫做「溫文儒雅、愛行小惠、眾望所歸」。

受到大隕石的衝擊，倒霉而喪氣的我們，望治心切，雖然知道未卜先知的大師們又再「作法」，半信半疑下，趕緊找尋。機靈的鄉民很快找到符合新學名中三條件的新寶玉，原來是那顆像鑽石般燦爛發光的政治明星。

很怪異地，多年來，此明星在媒體上從來沒有負面新聞。我們若想到臺灣媒體的黨同伐異，非楊即墨，更會吃驚和納悶！到底他是何方神聖，有此修爲？諸君，請看此星星，媒體上一出場，總是文文儒儒，細聲細氣地說，他準備做這，準備做那，然後再準備做這，再準備做那，最後準備給各位一些小確幸，你們準備好接受這位星星了嗎？

難道媒體看不清楚經常在準備階段的人物？我如此問我的媒體朋友。朋友立即拉下了臉，正色地回答：「人家有資源，你有嗎？人家執禮甚恭，經常在打點；你記得我的生日和我家倆口子的結婚紀念日嗎？請問你會那麼用心嗎？你知道我上級的上級的土地在哪裡嗎？」

政治就是形象工程；形象的成功就能保證政治的成功。圍繞在這顆新巨星的小星星們，想著即將到來的飛黃騰達，不禁得意起來，忘了平日的謹慎和細心，居然在老闆的數千人的政治集會，抄襲起往日蘋果賈伯斯，介紹新產品時的舞臺設計和表演術：身穿波羅衫和牛仔褲，大談他的企圖心和視野，我們對全球性文化的任務，和如何改變這世界：以賈伯斯繼承人的角色，帶你陷入往日情懷的美麗幻象世界。

但是山寨版還是山寨版；更麻煩的是，沒料到惱怒了賈伯斯的眞信徒——你某某某，何德何能，竟敢和我們熱愛的永恆教主相提並論？簡直是犯了《可蘭經》中褻瀆先知穆罕默德的重罪！士可忍，孰不可忍！全面追緝檢查，一定要繩之以法！

不假辭色，全面檢查，當然能發現一些蛛絲馬跡。有人發現一萬六千餘坪「新燕土地」的地目改變，一團迷霧，嘉惠「國民公敵」頂新魏家幾達三百億。是所謂的「依法行政」，還是另有隱情？桃園和新北市的土地案子多不勝數；例如，沒有航空工業的航空城的土地又是另一案例；你若關係好，資訊充實，你可以在你買的位居航空城的池塘地，撈起黃金！

新燕土地會不會和美河市、太極雙星、松山菸廠大巨蛋變成全民查案的焦點，要看11月29日投票能否動搖政商的生態結構；也要看我們這幾年來到底培養了多少心中沒有長官，只有上帝的年輕檢察官。政治明星是寶玉？還是石頭？我祈禱，不要像春秋戰國時代的和氏，在我們的雙腳和雙手被砍斷後，我們才恍然大悟：原來石頭還是石頭。哈利路亞！上帝保佑！

柯Ｐ，你好聰明！

2015年2月5日

尋常人都會說「天生我材必有用」！何況自豪IQ近200的柯Ｐ。當然，他認爲自己的才能是全方位的：有何不能談？有何不能談得那麼深入？創天下之奇，不論是「被殖民才會進步」論，或是「兩國一制」論。

尤其是「兩國一制」或是「一制兩國」論，國人大爲駭異，奔相爭告，倒是頗令人奇怪：這不是我們現在進行的嗎？或是我們準備很快進行的嗎？試舉例如下：

（一）食品安全一制：

不是已經完成了嗎？只要一方食品安全得到認證，它方就不必再檢驗；反正雙方都有過「地溝油」的問題，無所謂誰吃了虧？

（二）學位一制：

不是我們的清華等於他們的清華（反之亦然）？他們的交通等於我們的交通，我們的臺大等於他們的北大（對不起，不是浙江大學！）

（三）專業執照一制：

雙方的醫生不是互訪見習，柯P不是去了十八次？我們的律師不是考那邊的執照，開業打官司？

（四）司法認定一制：

兩岸文書公證效力，相互承認；犯罪認定一致：你在北京吸毒，就等於在臺北吸毒。怪不得某歌星要哭哭啼啼地回臺灣！

（五）關稅一制：

我不抽你的稅，你不抽我的稅，貿易自由，你儂我儂！這不是國民黨政府努力的理想境界？

（六）環境保護一制：

大陸一定用比臺灣更嚴格的環境保護標準，國人不用再埋怨霾害，呼吸困難！

（七）貨幣一制：

人民幣在臺灣大量流通、方便；國人使用人民幣多於新臺幣，人民幣如同國幣，這不是貨幣一制嗎？

一制再加上一制，……最後再沒有制度需要「被一制」時，中南海終於恍然大悟，趕緊召開「全國人民代表大會」，在共和國憲法上，添加一款：（國名）中華人民共和國，可簡稱爲「中華民國」。這豈不是「一國一制」！簡直比老鄧的「一國兩制」更高明！而且毛主席生前，念念在茲的建國三大錯誤之首，更改國號之遺憾，可得疏解。從此，中華人民共和國護照上加括「中華民國」之字樣。世界各國誰敢再說「中華民國」不是一個國家！

柯P，你好聰明！哈利路亞！

柯市長上延安

2015年4月4日

據說柯市長最喜歡鼓勵人家上延安，你去過延安嗎？甚至，你去過幾次？傳聞他去過不只兩、三次；幸而，現在延安沒有當年的「抗戰大學」，不然柯市長一定去客座！

柯市長還有個喜歡朗朗上口的話題：年輕人家，有夢最美！

或許人家聽久了，就會覺悟到原來這兩件事是一體的，反射出柯市長從年輕時代，飽受壓抑的革命浪漫夢想！想想，假如他生長在那個時代，那個國度，身穿毛裝（或列寧裝）在陝北窯洞裡幹活，向工農兵群眾學習、被教育，這是多麼有趣而荒謬的影像！可惜，接下來，我們會擔心以他的個性，有話直說，公開透明，「奇怪耶！」是否能夠在當時的「延安文藝整風」運動中，存活下來？

像是三十年代寫《旭日東昇》、《告別武器》之前的海明威，寫《動物農莊》之前的歐威爾，不參加反法西斯的國際軍團，在西班牙內戰中流血犧牲，就像閹割掉「智人」的道德良知！這種革命浪漫的情懷不得舒解、滿足，像是患了癲癇症，不定時會受到放電式的襲擊，傷害到當事人最自豪的「理性」；普通人都看得出來的危險和無奈，「智人」們卻置若罔聞，無視其存在；是不是要如此不一樣，才算是英雄好漢？好像柯市長就是這樣子的一個案例。

不是有位古希臘哲學家從他的哲學體系中導出「像鳥，我也能飛」的結論？於是他就在山頂上建了高臺，在所有信徒殷切注視下，就從那往深谷下跳，證明他所深信不疑的結論。柯市長似乎也有這種「我也能飛，我跳給你看」的理論和自信。例如，他說，這個特別「名目」，全世界都認爲是這個樣子，我們爭甚麼？爭「內容」才是！

「名目」或「名分」對中國的傳統來說是極度嚴肅的事，因爲它有現實「政治倫理」的規範性和指導性，絕非此地某言論重鎮所說的，「名目」只是中國人的面子問題，中國政府只注意「面子」？眞太小看中國人了：

孔子說：「名不正，則言不順，言不順，則事不成……」

申不害說：「名者，天地之綱，聖人之符，天地張綱，聖人用符，則萬物之情，無所逃之矣……」

韓非子說：「用一之道，以名爲首，名正物定，名倚物徙……」

那我們就知道中國的思想家是怎麼看「名目」了。孔子修《春秋》，正名，以正王法，撥亂世，反之正，則亂臣賊子懼（想到《反分裂法》了嗎？）：當時已經六十八歲的老先生那麼努力，所爲何來？

正了名，「名分」已定，就不會有「內容」的問題；如果有問題，只是個「內政」，不容你外頭人指三道四！進了門，萬一精神凌虐，拳打腳踢；你要「人權」，就向「新自由主義者」要，向西方媒體要；本記除了「維穩」、「打腐」，絕無此商品！

這個特殊的「名目」，並不是全世界都這樣認爲。至少有一個強權可以在「名目」上，另出一幟：你說你的，我做我的。人家有夠力，可以中線突破，也可打擦邊球。柯市長以爲自己可如法炮製，就大錯特錯！你要打擦邊球，別人只要對你吹口氣，連「小動作」都不必，你就彈飛，重重地摔到觀眾席，惹得全場訕笑，笑你是「剩餘人口」，不自量力！

不信，你可觀察最近海南島的大會議，人家只花二、三十秒寒喧致意，我們的代表反而是一臉諂媚，誰是當家作主，很清楚；不要以爲自己出場，就會不一樣。從這兒，大家是不是看出來「名分」這一線是那麼重要？

不確定「名分」，精神上，我們不必什麼事都必須和中國現代史聯結，發展我們的

「世界觀」，發現自我。難道只有「延安」值得思考，那麼十九世紀的「巴黎市」呢？那是「勤工儉學」時代，許多未來共產黨領袖想望的地方。

任何牽扯到種族、歷史、文化價值的國際強權關係都很複雜，絕不像是一道外科手術有個「標準作業程序」。當年蘇聯崩潰時，馬上就有個專業思想家，宣稱人類歷史已經結束；另個耆老政治學者認爲歷史還會繼續，因爲永遠有文明的衝突。看看往昔回教帝國的領域內，有多少歷史的幽靈在浮沉，走動。看來，老學者的看法準確，歷史會繼續發展，那是「單線」，可以用 SOP 來處理，現在就可以定名分了？我們把未來年輕一代的思考和決定放在哪裡？眞希望有人能告訴柯市長，你眞地相信延安的中國就是中國現代史的結論和宿命嗎？

許多市民都有這樣的懷疑：柯市長你難道不夠忙嗎？你如果能夠把眼前的弊案，處理清楚，追回市民數百億的權益，大快人心！多數市民一定額手稱賀，嘔歌你是百年難見的寶玉，不世出的大英雄。他們不希望現在就看到你擴大統一戰線，再拉出另一條標準作業程序！當「歷史」需要你時，「歷史」會找上你。在此之前，取法乎上，不要只讀中國現代史，多讀些十九、二十世紀歐洲史，不是只有延安，另有巴黎。臺北市民幸甚！臺灣幸甚！

四萬億人民幣，錢到那裡去？

2015年5月6日

撒錢四萬億，眞是後患無窮！

2008年全球金融海嘯時，中國政府爲躲避衰退，在二、三個月間，倉促擬定四萬億人民幣經濟刺激方案，硬把即將到來的衰退，拉拔成GDP成長二位數字的火紅經濟，多少世人稱羨。當時某中國金融官員很有信心地說，我們不用再從華爾街學習甚麼？好景不常，幾年風光後，經濟成長率急速而持續掉落，今年幾乎翻落百分之七的「山海關」。看來這撒錢四萬億，眞是後患無窮！

這故事到底從何說起？錢不都是撒到有名有姓的國營企業和地方政府所謂的「投資平臺」公司；不是蓋了不少鋼鐵廠、水泥廠、新市鎮；建了多少機場、公路、觀光飯店、高爾夫球場；還有更振奮人心的多少的中國「子彈號」，號稱是擁有最長高速鐵路的國家。

東看西看這些投資都對，是國家重要建設，有益國計民生。那麼這鋼鐵產量世界第一、水泥產量世界第一、蓋大樓速度及總量世界第一、高速鐵路總長度也是世界第一的國度，怎麼會 GDP 直直落，漸漸地和沒落的帝國看齊？難道投資帶動成長的策略有問題？難道「總體的需求」不能夠用政府的刺激經濟計劃來帶動？難道政府大有為的投資，到頭來只會是過剩的產能、過多的庫存？假性的市場不在，營運困難，債臺高築。

中國習慣於計劃經濟的決策官員，最容易學總體經濟的名目和手法，尤其是凱因斯經濟學。卻忽略「總體經濟」的名目，是要以「個體經濟」的實質來填空：個體的相對重量、加權統計的總和才是總體名目的內容。總體性、雨露均霑的作法，是無法解決問題。例如，我們總體上常說利率應如何？以為抓對了利率，總體適用。事實上，利率需經過無數個體的財務狀況的鑑價（pricing），它的統計總和，才是眞正該有的利率：它是平衡狀態下的一個自然值。

自由市場會自動對經濟個體做一鑑價的動作，且依時改變，這是市場動力學。以操弄總體經濟，沒有在個體經濟下，用市場動力對個別企業作鑑價程序，絕不會認識到總體性正確的利率。不管你如何用利率、操弄經濟，到頭來還是會回歸到市場動力的「自然率」。

瞭解經濟個體的財務，對總體經濟名目的重要性，我們需瞭解個體企業的財務狀況。基本上它可分成三類：

A類（沒風險的）：企業的收益可降低債務及支付債務利息。

B類（投機性的）：企業的收益只可支付債務利息。

C類（龐氏的（Ponzi））：企業的收益既不能支付債務利息，更別說償還債務本金。

從2013年以來，地方政府的負債增加百分之五十。看來2008年這四萬億，雨露均霑，多數撒到B類和C類的國營企業和地方政府「投資平臺」上。它們要擔負債務增加的責任。錢不會因對的利率而自動投入對的公司。事實上正好相反，營運效能低，最不該投入資金的公司，常是最積極的努力吸收資金：這在經濟學上，稱作「逆反效應」。在金融銀行不自由、國有化的國度裡，這現象最容易發生：國有銀行貸款給國營企業，天經地義！管它資金是不是會走入實體經濟？是不是借債養債，是不是用來炒作泡沫股市或房市？

當地方政府擁有土地不再有人垂涎，它的債務如何處理？讓它破產造成經濟雪崩？而同時，較有效率的民間企業卻告貸無門，只能向民間互助會或影子銀行（地下銀行）告貸，支付甚高利率，營運困難，這不就是反淘汰？

事實上，中國是有兩個經濟體，一個是國營企業體，另一個是民營企業體，中間隔著半透膜，各有各的市場機制。李克強總理說要透明，要強化市場機制。我們不知道他是甚麼意思？因爲照他所說，是要建立一個統一的市場機制，不管國營或民營企業，都有同樣的立足點，接受同樣市場動力學的考驗：錢該往哪個企業走，就往哪裡走？可能嗎？

黨中央領導班底雖有政治意志，清算國營企業的鐵道幫、石油幫、銀行幫、山西煤幫上層領導的貪腐，有誰敢去動搖黨國體制？敢去動中國本色的社會主義體制？敢讓一些國營企業、地方政府破產，清出空間讓民營企業進入？難道當前中國經濟發展所面臨的困難，起因於貪官污吏？不是結構？不是因結構而後貪腐充斥？

打擊貪腐不是打擊到眞正經濟遭困的要害！中國政府有許多達人，例如人民銀行行長就含蓄地、顧左右而言他，說出不同意見。他說：「中國的利率還很高，四到五百分比，不接近零利率，我們有寬闊運用空間。」意思是說，方向雖然不對，但我們仍有本錢，下重手、服猛藥，再看看！

看看領導們下的藥方：

（一）兩次降低準備金及利率，鼓勵銀行放款。

（二）允許地方政府、國企發行長期債券以替代到期、短期高率債券。銀行可以此長期債券作抵押，向人民銀行要求低利貼現，活化資金流動。

（三）寬鬆買房的優惠限制。

（四）定向融資（只針對民營、中型、微型企業）。

（五）維持人民幣高匯率：降低資金外流趨勢、減低美金為基準的債務水平，鼓勵內需進口。

（六）推展絲路經濟帶、亞投行：為因過度投資而產能、庫存浮漲的鋼鐵、水泥、機電、鐵道、港口、土建業，找尋海外市場。

（七）散發利多消息，鼓動股票、債市，用民資買單，讓經營不善、債務沉重的國營、地方政府企業脫困。

這些藥方能成功嗎？是不是只治標而不治本？能維持 GDP 起碼百分之七的成長率嗎？假如所謂的「新常態」的增長率是低於七，是六是五，怎麼能讓新生代的青年充分就業？是不是要被迫改造經濟結構，因而衝擊到政治體。這是四分之一人類的國家！到時如何「維穩」？是不是又有人要「唱紅打黑」！還是無奈再撒四萬億、中國式的「量化寬鬆」，先有個幾年呼吸寬鬆的時間再說，以後呢？凱因斯不是說過，到時我們都死了！想到此，中南海的大家長們會不會身體發冷？

兩位經濟學家的爭論

2015年5月9日

兩位大經濟學家對美國經濟的走向和應對策略有很大爭論。一位曾擔任過聯準會主席（我們可稱之爲A教授）；另一位曾任職美財政部長（可稱之爲B教授）。

A教授認爲：量化寬鬆算是成功，美經濟恢復健康；目前GDP成長、就業率雖不如預期，但只是暫時現象；聯準會可耐心觀察，待就業率恢復一定水平，就可適時提高利率，把因寬鬆政策而泛流的貨幣收回，讓市場恢復功能。

B教授認爲：個人儲蓄太多，企業只顧修補資產負債表，不擴張作實業投資，經濟會長期性停滯，難以解決就業問題。因此，個人、企業不肯花錢，就由政府赤字預算，帶動投資。

基本上，兩教授的爭論不脫凱因斯、新凱因斯學派及古典、新古典、理性預期、眞正商業循環陣營間的爭議。新凱因斯主義者認定價格（price）有黏滯性（sticky），不可能即時地鑑價（pricing），藉市場力量，及時取得平衡自然值。因此，在長時間黏滯期間，到最終難以避免的自然平衡間，政府需負操作經濟的責任。凱因斯的傳世名言：（到達自然平衡）的長期而論，我們都已死了，誰在意！

但是，値得我們注意：凱因斯生前以爲的「長期」，以現今而論，時間是不是那麼長？以實際經驗而論，九十年代初期有過一次很嚴重的衰退，2000 年又再衰退（網路泡沫），2008 年次貸風暴、金融海嘯，2008 年至今量化寬鬆，也不盡如人意。所謂的「長期」事實上並不長！

有個經濟學家們不太願意面對的事實：我們今日的經濟學知識和政策能力不足以讓我們處理，遑論操控，全球化的金融和經濟問題。亞洲金融風暴、金融海嘯、歐債危機，豈是偶然？想想看我們今日可以在世界各地、任何時間，對股市、債市，用高速電腦及軟體買進賣出，一日之間，百數十次，每時每刻，可以忽東忽西、殺進殺出，震盪起伏！連兩位諾貝爾經濟學獎得主所組成的公司都會因認識不周，反應不快而破產！

以全球化，資金快速流動而言，地球是平的，未必是人類的幸福！一生支持、傳播自由貿易理論的山謬爾教授，晚年卻對自由貿易持保留態度。希臘是會離開歐盟的，其它南歐天主教國家呢？2017 年英國會對是否離開歐盟進行公投！從全球化退卻，組織個別，能和文化、政治相容的經濟聯盟會是新的世界潮流。

「我們不是中國人！」事件

2015年8月23日

多年前，大專生在畢業前會在成功嶺有段三個月的集訓。各大專院校的僑生們，大概是基於同爲「炎黃子孫」的民族大義，也得參與。

某天，某連隊值星官在早點名完，一時熱血沸騰，愛國心起，帶隊振臂高呼愛國口號「蔣總統萬歲！」、「中華民國萬歲！」。當然，愛國不後人，全連也聲嘶力竭地跟著高呼。

不對！不對！前排兩名「鄰兵」學員，只立正站好，不動聲色！值星官見狀大怒，向前一步，厲聲指責：

「你們爲甚麼不呼口號？」……

「你們不愛國！」……

「你們是不是——中國人？」……

只見那位比較高瘦的印尼僑生，對值星官行個徒手禮，高聲地、決斷地說：「報告長官，我們不是中國人！」

此時，全連學員都被嚇倒了，集合場上的空氣凝結成一塊，好像有人要被拉出……槍斃！還好，輔導長見狀立即快步向前，把兩位「不是中國人」帶回連部。從此我們不再看見那兩位炎黃子孫，班長告訴我們：他們被退訓了！

多年後，漂洋過海，爲謀食生存，流浪四方，不時遇到爲求「綠卡」，虛假僞善，不擇手段，卻又自詡爲第一流的中國人。那時腦海就會浮起那位僑生黝黑的臉龐：似乎「不是中國人」也能活得堂堂正正！

踢正步、閱兵、中國人

2015年9月6日

踢正步，眼睛要一條線，手臂擺動要一條線，腿踢上來也要一條線，這都有長官拉直的鋼繩，從第一兵到末兵來檢測的。動作一條線，意志才會一條線，力量才會一條線，這可不是嘉年華會，跳曼巴、散巴，各有各的身體扭動和吶喊，各有各的創意和自由，你high，我也high！

踢正步，英文字叫作goose stepping，爲甚麼跟goose（鵝）聯在一起？有兩種解釋：一是goose也可作「呆鵝」解，表示踢的人心智質樸、簡單、聽話，容易訓練；另一解是鵝是最集體的動物，尤其是伸長脖子，追逐，攻擊，戳人時，一定集體行動。很多兒童造訪養鵝群的農村時，都有這種恐怖經驗，可見中外的經驗雷同：鵝是不能輕侮的，尤其當他們伸長脖子，一條線，向你攻擊時。

如果要表達集體的力量，顯然踢正步，只是像士兵手持的改良AK-47，雖然精銳，力量還是有限。要嚇嚇一小撮臺灣「第二共和派」、「地位未定派」、「兩中各自解釋派」、新日本鬼子、和站在後面的巨漢，一定要有配套，讓你們瞭解新中國現代武力的強大，近至臺海，遠至太平洋彼岸，無遠弗屆——不然，一天到晚威脅我們，派你們的「戰鬥群」，以爲防衛臺灣、洛杉磯不會因而遭殃；扶植新「聯合艦隊」，南海就是你們的內海：中國歷史固有的疆域是不容侵侮的，雖然中國人愛好和平！

愛好和平的民族最容易被欺侮，這是我們近、現代史的經驗。二十年代，有位英國哲學家曾預測中國的命運：要對付西方帝國主義，中國要學習變成另個帝國主義。這話說得真正確：要抵抗「法西斯」，就要自己變成法西斯。用法西斯最樂愛用的踢正步、閱兵行列式，外加坦克大砲，洲際飛彈，來紀念「反法西斯鬥爭的勝利」，剛好而已，哪有矛盾！

何況，法西斯的踢正步、閱兵分列式，看似「形而下」，其實具有宗教性集會的深沉意義。納粹黨集會時，演奏的華格納樂章，旗兵們護衛著黨旗進場時的身段、步伐，樂曲的回應，全場的肅穆、沉默，當領袖進場，爆發出的效忠呼喊和忘我，這是靈魂與上帝融合的時刻。你不但屬於這強大、神聖的力量，你就是這強大神聖的力量；個體生命有如浮塵，何足眷顧，人生有何其它意義、價值可尋？——這就是法西斯！

因此，無可懷疑地，法西斯是塑造國民人格和意志的利器。每個中國人都可以被教育，藉「中國」來界定他作「人」的意義，因爲只要有一個「中國」，「中國人」就會只有一位；很自然地，一個政府，一個黨，一位領袖，一種主義信仰，民族崇拜，意志集中，力量集中，中國自然會強大，不受欺凌，就會有堂堂正正的中國人。愛黨愛國是無上的道德，行爲的準則，哪能容許自由選擇？

不錯，自由的雅典是敗於專制的斯巴達！但是斯巴達的軍事專制又能存活多久？一個民族要存活，繁華滋榮，不能只像軍事連隊，只有集團意識和整齊劃一的動作——要更像運動團隊，例如說，足球隊，不但需團隊默契，更需要個人自發性特殊技藝。一個團隊默契佳、紀律高、個人技術平均，不敢多作個人創舉，很難贏得世界杯，這是德國國家足球代表隊前十多年來的痛苦經驗。只有當覺悟到個體選手即時自發或突發的「創舉」的重要，帶動整隊的進攻，不再是集體的「心」和「意志」，冠軍杯立即唾手取得！

幸運地，中國現代歷史上有先知們另外解釋「中國人」：不是用中國來定義人，而是用「人」來界定「中國」的意義。這是五四運動所宣揚「德先生」（Democracy）的眞正面貌；這是中共大家長陳獨秀在國民黨監獄中所寫《最後覺悟》的內容；這也是魯迅在他最偉大小說指稱的，個體的品質，才是最重要的根本。

當國民黨榮譽主席和親民黨特別代表前往天安門向「法西斯中國」強大閱兵致敬時，兩黨都感受臺灣兩千三百萬人民的反彈。可怪地，他們並不了解反彈的眞正理由，即使他們肯閉關數天思索。人民想問的是：「這些法西斯軍力的展示和相關歷史的爭論，對你們眞得那麼重要嗎？」可惜地，它們對臺灣人民不再是那麼重要，甚至是不相干！臺灣自身已經有足夠的歷史和文化的充實，我們不想再從中國近、現代史找出臺灣的未來。那也爲甚麼課綱「微」調，會引起那麼大風暴！明年一月在野政黨加上年輕、自由、新生的力量若取得壓倒性的勝利，我們就可見識到臺灣新歷史、新文化的開始——也會是新的政治現實！

不管如何，從九三閱兵，我們看到中國的強大，但偉大的中國在哪裡？文明的中國在哪裡？

黃博士之死（一）

2015年9月24日

再見到他，已經十多年華流逝！

第一次遇到他是在羅斯福路的咖啡館。朋友老洪組織個讀書會，定期討論某個主題。當晚討論的是「社會重建的原理」。老洪當年是個「費邊社」信徒。那晚他非常嚴肅地一字一句，把他準備的十多頁稿件念完後，八、九位青年 intellectuals 都舒了口憋氣，抬起頭來，臉面開始燒紅，爭先恐後，激越地用自己本位，例如說，從政治，從歷史，或哲學的觀點，對此「洪記」馬克斯改良派，展開批評。七嘴八舌爭辯中，我忽然發現坐在我對面正是那位奇才。就是他，T大校園裡有名的奇才。他是經年僅穿著短褲，不管風雨如晦、汗流浹背的日子；他也經年拿書卷獎，而且從來不準備考試，令許多同輩暗中不平；更令人生氣的，全年陪伴他的是那位唱「青衣」、藍眼珠兒清澈深邃，中文系同學形容，桃花潭水深情千尺的愛新覺羅——那位文學院金姓名花！

那天讀書會，他沒多發言。我觀察到他禮貌微笑的嘴角，帶著一絲輕蔑！最後在結論中，他終於發聲，今晚大家談了許多思想，但諸位有沒有提過量子力學、相對論？這些革命性的創見，對思想界有多大的衝擊，我們都沒談……我們還能用「思想」這兩字嗎？——他的回馬一槍，全場陷入沉默，我頓時發愣，惶然地想，談思想要懂理論物理嗎？

再見到他時，在紐約上州某大公司的研究中心，他正給個 talk，有關「再規範群在量子場論的使用」。演講時，他還是面露客氣的微笑，嘴角還是帶有那輕蔑的痕跡。「斯人有斯疾耶！」我暗自想。演講會完，照例有個茶點招待，我拿了杯咖啡，望著落地窗外的樹梢和浮雲……

「Hanson？……你是 Hanson 嗎？」忽然，有人叫著我，正是那位奇才。

「是的！閣下……難得您還記得我？」

「我當然記得，還有我們那些朋友……老洪，杜郎……楊壹，余佳……還有那位唯美哲學家，他們都好嗎？」

「還好！還好！托您的福！——看來您很受歡迎，很多人正等著跟您談！」我仰頭斜臉望著他的身後。

「Really?我很吃驚他們水準眞的不高!……anyway……再跟你聯絡。」

此後幾個月我們經常見面。很意外地，我居住小鎭的鄰居，居然是奇才在紐約C大的同學。鄰居夫婦談了些有關他的「傳奇」。

「你知道嗎?我們系裡博士考，分成A、B級，只有A級才能讀『理論物理』，而且要多讀一年數學。他一考就是A!」

「像我們B級的，只能讀固態、原分子、天文物理或是做實驗物理。系裡他整天遊來浮去，有時若有所思，沉默地像白癡;有時不請自來，說東道西。」

「有天，我在實驗室工作，在測 Mossbauer 光譜。他進來問我在做甚麼?然後，你知道嗎?他對我說:你不用那麼辛苦!你要甚麼輻射光頻，我可以發功運氣給你。」

(鄰居太太爲我們斟過咖啡後，此時接著說。)

「他太太很美，會唱戲、寫詩，天生優美柔順，來到這個粗暴、危險的大都會，還要打工，眞難爲她!我們都喜歡她。可惜怎麼嫁了個怪物!……」

「有一天，她收工很晚，回家路上遊民騷擾，被救到警察局。打電話回家，無人答理，只好打到我們公寓。我先生和我護送她回家，到家全屋黑暗，大門倒鎖，按鈴無人回應，折騰甚久，想是不是又要 call 警察了?燈忽然亮了，大門碰的一聲打開，有人吼道：『我不是說我練功時，不准煩我！』」

※　※　※

「那年暑假，他太太帶著女兒回臺灣，從此沒再回來！」（待續）

黃博士之死（二）

2015年9月26日

研究中心任職的華人，人才濟濟，有多年前的聯考狀元，還有多年後的院士。像我們從半導體工廠生產線，「充軍」到此的工程師，只能算是「下手」，只得對前輩執禮甚恭，仰之彌高，如何望其項背！人家學經歷驚人，搞的是先進的學術！只有恃才傲物的奇人黃博士，似乎不把他們放在眼裡。

「這些人只是俗庸之輩，只會幹些小事！」他說。

「你能說俗，但不能說他們庸。」我說。

「不對！不對！他們因俗而庸：眼界不高，只追著小東西跑，因此平庸！」他說。

「俗庸、庸俗應該是一體，難道有庸而不俗的人物？」我說。

「正是。現在跟我說話者正是一例！」他說。

（我發楞的一晃，對他的直言，一下子不知如何反應？）他一口氣接著說：「你能感受到這世界很多事是關聯的，有 linkage，是你不俗之處；但是，你又像小學儒，六合之外不與聞問，是你庸處！」

「子不語怪力亂神！怪就是怪異『夸克』；力就是強、弱、電磁交互作用合成一體；亂是亂度、熵；神就是神的粒子 Higgs。這不就是物理學的一大部？還有黑暗物質、黑暗能量，這宇宙有多大？你只是個『想知人，可以不知天』的妄想小儒。不知天，如何知人？即使宋明理學家，也知道喊喊『格物致知』的口號！」

「這裡，這些人搞的不是學術，不是文明，他們搞的是唬人的商品，他們俗庸，不要被騙了！」

就像十多年前他談的量子力學、相對論，看來奇才掌控理論物理的思想武器，更多而更精銳，就像當年惶惑的我，還是不知道如何辯駁？他接著說：

「你只想知人，fine！你知人嗎？那麼你想知道你爲甚麼充軍，流放到這裡？……因爲這個大公司最快半年後，會有個大整肅，有配額，他們找你們來，是要你們當砲灰，你知道嗎？他們會跟你說嗎？聖人視百姓爲芻狗，你們還膜拜『聖人』！我只是個從外頭的國家實驗室打契約來工作的傭兵，很快就知道他們的 tricks！知人者的你，知之乎？」

「我今天話說的太多，洩露天機，看來我和你有緣！多年前那個晚上，我看你聽我一席話，就惶惑不安，我就知道我和你有緣！……怎麼週末想請你到我家？讓我開示你一下，哈哈！其實也想要你幫個忙，如何？By the way，我住的地方很奇特、美麗，保證不虛此行！」

他曾經告訴我他住的地方，在 Hudson 河旁的小山丘上，是向一位退休的 NASA 無線電工程師承租的。主人在屋裡架設一個無線電接收臺，天線朝向深空，專接收銀河極深處傳來的微弱信號。若收到一些比較令人興趣的波動，主人就用他自己發展出的程式作處理。主人並不期待能發現甚麼，倒像是幾十年職業生涯，遺留下來的嗜好或後遺症。

主人說，有一個夜晚，很奇怪，接收臺忽然收到一小段信號，然後一長串噪音。信號不知道是因頻率太高，超出接收器線路所能解析的能力，因而失真。從那天起，他時常接受到此信號，不像是物理體週期性的幅射，倒像是生命體有意識性地放送。而且從那時起，夜晚裡他常發現上游遠方的隘口，河面常會有光點，沿著遼闊河面向下游流逝。深夜裡他常會感到住家後面的樹林，常會有些聲響，甚至連續到他家後院子的樹叢和花圃。

「我不知道是不是我年紀大了，有點妄想和幻聽？而且這裡冬天對我也太冷，只好往南搬到 Florida。……但是，你是科學家，應該不放過這些值得你追查的怪事！」

（待續）

黃博士之死（三）

2015年9月29日

眞的，如奇才黃博士所說，他的住所風景絕佳。房子是新英格蘭區所說的鱈魚岬式（cape cod）建築，座落在切入河中右岸小山丘上。客廳的大片落地窗幾乎是面向河的流向，巍巍在河流上方，用風水師的術語，應該是「河沖」。幾英哩外上游的哈德遜河，剛從河谷脫困進入和緩的平原，河面頓時遼闊！充沛的河水往下游流往，經紐約市、曼哈頓島的西側，匯入大西洋。黃博士指著對岸的山丘，你知道那是甚麼地方？那是殖民時代，荷裔移民居住的村社，那位寫《呂伯大夢》的作家，數百年前就生活在那裡。黃博士轉個身，再指著對岸下游遠處，那邊就是西點軍校，獨立戰爭的古戰場，軍事家必爭之地。接著他帶我登上小閣樓，小樓上像是個小型電子實驗室，有一套系統，他向我解釋，那裡是連到屋頂上天線的偵測器；信號如何進入，放大，再經濾號器，經過 ADC 轉換，到 DSP 處理機，最後 Data 進入電腦，用專門設計的程式處理。

「當然還有其它旁接的消減雜訊、維持系統穩定的 devices，暫時不說；屋頂上的天線比普通衛星電視天線大三、四倍，等下到外頭時再讓你瞧瞧！」

「屋主曾花一、二禮拜讓我惡補這套系統，主人感嘆地說，我是他此生遇到少數極爲聰明的人士。你知道我是頂不喜歡硬體和做實驗的！我用過這系統幾回後，發現和外在的交通實在不是那麼順暢、直接，我接收不到屋主說的信號。他所說的異光、異聲也消失無蹤。最後，我還是用我的老方法：練功、運氣、冥想，再把集中的思想能量推出，向四方放送，穿透到深渺的時空……然後，就那麼有一天，我連接上我的大師兄！」

「您的大師兄？……」我吃驚地問，這時我們已回到客廳，坐在面對大落地窗前的沙發上。

「你不要以爲高智慧的『存在』，一定要具有人的形貌。」他接著說。

「那天，半弦月的晚上，我例行練功、運氣，忽然內氣波濤洶湧，難以駕馭，我很害怕，是不是練岔了，走火入魔？……此時，我似乎感覺到有個難以抗拒的神祕『存在』，從窗外傳來一股熱流，從我頂上貫入，全身發燙舒坦……」

「不用害怕，師兄在此！你就照著平常練功運氣！」黃博士露出迷惘而景仰的神情，他接著說。

「當然，我們的交流，不是你們所理解的交談，是在某特殊時空下的神會，祕語通關！」

「你一定認為我失心瘋了！我心裡很清楚、理性。讓我再洩露點天機：你一定知道甚麼是 cluster computing？幾十萬個計算點，在不同的時空，互相連結，光速傳達，就會有高智慧的『存在』；數百萬『存在』間再互相連結，就是銀河間的『文明』。」

「師兄們都來自百萬光年前某銀河系，某顆 supernova 的爆炸，爆炸產生的無數星雲，包含著極高或低的能量組，各種熱核融合而成的元素及原始的塵粒，高速地向外飛馳，在漫長的光年時空旅程中，他們慢慢地組成有計算能力的節點，節點間再互相連接，發展成有意識的物理體。他們也發現可以在漠漠無垠的天宇，到處佈滿節點，每個物理體可以依其暫時棲息的特殊時空，就地取材，更新變易節點，組織新的物理體。跨越不同時空的物理體系也可藉『同步』與『壓縮』技術，在某特定時空中，以智慧的、有自我意識的生物體出現。」

「師兄說，他可以幫助我轉化成此銀河新生物，與天地共呼吸，與銀河同生死……」說到此處，黃博士的興奮目光，忽然移轉到窗旁書架上，變為柔和的眼神，深情地注視那鑲著銀框的照片。我跟隨著他眼睛方向，注意到照片中的一家三口：黃博士和位極美麗的姑娘，姑娘懷裡抱著一位歡笑的小女孩。

「這是我以前的家……」我發現黃博士的聲調不再有那股盛氣，嘴角的揶揄也不見了，取代的是一絲悲涼與苦楚。

「我對不起她們母女倆！」他聲息中溢滿著哭咽。（待續）

黃博士之死（四）

2015 年 9 月 30 日

「我答應她們的事，多數沒做到。」黃博士作了個深呼吸，讓自己情緒平復。

「例如說，我答應她當我取得博士學位時，我一定可以和她一起讀普魯斯特法文版的《往事回憶錄》。我們第一次見面，在文學院圖書館，我見她讀館藏的法文版，上前打訕說著，我勉強讀過英文翻譯，還沒見過有人讀原文的，真是佩服！……年華似水，短暫的回憶，會有存在的永恆——她望了望我，這是我倆相好的開始。」

「這是我今天請你來的原因。袋裡還有其他文件，希望你只是暫時照顧。」黃博士站起來，把照片拿下，放入一大牛皮紙袋裡，語調恢復了平日的冷靜與堅毅。

「你知道的物理夠多，一定能瞭解，『對稱性』是不會破滅的，只是隱匿起來，有對稱就會有『守恆律』，也就是會有永恆，人世也是如此，大師兄用此終於說服了我。」

他說這幾天，天外會有星雲漂遊過來，其間有我需要的能量叢結，這是難得的機會，不然，就是千萬年的等待！」

「我算算今晚入關，這星期二早上，我就能出關。假若中午我仍然不到中心，麻煩你就到我家一趟。」黃博士很平靜地說。星期一、二，我相當地忙，也很沮喪！一位好心的老外同事，終於說出研究部門，對我們這些流戍充軍們的陰謀，其毒狠正如黃博士以前所說。「我有位好友，這幾天從其他部門到此公幹，你就和他談談，或許有機會？雖然你我相處只六個月，我倒是滿喜歡你的！」

星期二中午，我正在中心員工餐廳用餐。嘈雜的聲浪，突然減弱，大家出神地望著大電視！主播說：「昨天深夜，從加拿大 New Brunswick 到新英格蘭各州，突來其來的狂風暴雨，夾雜著閃電，令數十萬戶大斷電的原因，電力公司仍然說不清楚，他們只說這是北美輸電大幹線從未有過的意外！」請注意他們說的是意外，不是我們以爲的災禍……

一種不祥的預兆突然衝上腦際，我全身發冷。驅車到黃博士家中，一直問著自己，他是不是說星期二中午，假如他沒出現的話？我照著他的指示，在大門口前的毛氈下，找到鑰匙；進門只見黃博士在落地窗前，身穿白色法衣長袍，仰臥在練功的蒲團上；走近前看，他七孔出血，好像內腑暴破噴出，白色法衣血跡斑斑。黃博士像是受到很大驚嚇、恐怖，臉面忸曲，雙手緊握成拳！

※　※　※

「金小姐嗎？鄙姓韓，剛回來，黃博士託我帶些你可能想保存的……黃博士他已蒙主……上帝保佑……」我邊說著，邊想一定又像上禮拜一樣，無人在家，錄而不回……終於另一端有人拿起話筒。

「謝謝您，韓先生……」聲調低沉，卻清楚好聽！

「我想過，我和女兒過得平靜，不想再有任何風雨。我相信您是他的至友，一切都麻煩您了！」

我在文學院圖書館中，找出那本從老臺北帝大就存在、精裝原文的《往事回憶錄》，把那黃博士一家三口的照片，偷偷夾入。走出文學院，眼前的老樹們仍然蒼鬱，誰說的「樹猶如此？」此時正是細雨綿綿，更種新花叢的時節，我發現館前正挖開一新洞，就把瓷瓶中黃博士的「灰燼」倒入洞中。也許，數年後是另棵美麗的杜鵑！或許十多年後，有位美麗的少女，懷抱著那本《往事回憶錄》從文學館中走出，看見新的杜鵑長得如出清麗出俗，上前挑出一片花瓣，夾入書中，忽然發現那張一家三口的照片，更令伊吃驚的，照片中那位美麗的嬌娘對她是如此的熟悉！

雨下得更形綿密，而且刮起一陣冷風，忽然似乎有人在我耳際說：「你的好友已經在我們這裡，你想不想和他見面？……」我加速我的步伐，在總圖旁，我的視力似乎越形模糊，我的身軀越形龐大而浮起；此時多年熟悉的鐘聲忽然響起，厚重、沉緩，而且餘音迴盪，我眼前道路隨著鐘聲，再度清楚。出了校門，我迅速跳上滿載的公車輪航，我不知道我會被擺渡到何處？何方？

掉了漆的神爺

2015年10月2日

小時候，跟著祖父參拜清水祖師爺。我問：「爺爺，祖師爺的臉爲甚麼那麼黑？」爺爺說：「祖師爺爲了保護我們，在轄區內，到處走動，日曬雨淋，所以臉才變得那麼黑！」

假如，祖父今天還在，我會問：「爺爺，剛剛我們參拜的那座廟裡的神爺，怎麼滿臉都叮滿了黑蚊子？」爺爺會說：「神爺爲了保護我們，把那可怕的黑蚊子都引到廟裡，叮在臉上，那麼蚊子在外頭就不會叮上我們！」

爺爺的答話，會令很多人贊同，但那座廟的廟祝卻說，這不見得是端坐在神壇上那位爺的神意！廟祝告訴我，前天晚上，神爺動了乩，起了壇，倒沒有提起他臉上的蚊子，只抱怨他的坐壇那麼小，袍子不夠體面，掛的金牌不夠厚重，他的廟爲甚麼不能像媽祖宮那麼堂皇，萬民注目，哀聲嘆氣祂眞是大神小用！

廟祝再神神祕祕地，在我耳邊輕聲地說，這件事鬧得很大，鬧到天上玉皇大帝那裡（註一）；玉皇大帝就問媽祖婆；媽祖也不知所以，只好問南邊最大城隍廟的娘娘，她的小兄弟怎麼了？娘娘說：大概被黑蚊子叮煩了，還有廟口那隻黑眼吊睛、滿身金毛的大老鼠，還是賴著不走！

廟祝接著說，玉皇大帝聽到了回話，非常生氣；人家城隍娘娘都曉得和海龍王溝通，商借海水，把大街小巷陰溝裡的孑孓，都沖到海裡餵小魚；還有那位叫甚麼「柱」的姨娘，不是自己閉關數天，出關後自稱是觀世音，還得到老和尚的驗明、首肯，說她確實是如來眞身？祂爲甚麼不能照著做？叫祂閉關幾週，看祂適合當人，還是當神？大尊神，還是小尊神？由我驗明決定！

北邊那位好講俏皮話的城隍大爺，聽了這故事，就搔搔頭，說著：「奇怪耶！眞是大惑不解。」接著又好像想起甚麼？連說：「阿彌陀佛！阿彌陀佛！」

（註一）玉皇大帝，英文另名 People's Will，中譯是「人民意志」。

橫著走的朱主席

2015年10月19日

國民黨的臨全會，朱主席自行加冕的荒謬劇，如多數選民所預期的，悲愴、歡喜角色，各自粉墨登場。演出期間，有三件事是值得我們注意。

（一）吳副不參加「倒柱」的前段，很清楚的他志在取悅「柱黨」，爲他一月十六日後參選黨主席作準備。秀柱不再是弱女子，而是A咖，結盟正是時候。

（二）王院長迴避徵召朱爲總統候選人的後半段演出。二、三十年老江湖終於瞭解他被「幼齒」耍弄了！

（三）起立鼓掌通過朱主席爲候選人的黨代表，只占總人數的百分之五十一。也就是有近半數黨代表不是反對，就是抵制不與會，或是甚它理由。

所以在臺外國媒體所估算的朱是國民黨「甚弱」的候選人，判斷沒錯。從年初競選黨主席，矢志要找回國民黨創黨精神的「金童」、「新共主」，到今日再三鞠躬道歉，他的能力、優柔性格，加上最近才被發現，其翻雲覆雨的狡猾巧技，算是被選民認識到了。今日，雖然人和欠佳仍有此結果，可說是差強人意！

顯然，朱瞭解黨內不團結是事實，朱沒有威望和能耐，化解黨因利益衝突所導致的矛盾，整編各路人馬，只能期待來日。吳副不是已經深謀遠慮，著手明年一月後的「災後重建」？朱營雖計劃給王不分區第一名，王未必欣然。王若接受，只能說其及其徒眾是「藍色番薯乾」：乾者無汁無味、無足輕重，王一定能瞭解其政治後果。明年新國會，民進黨不會再有個柯建銘總召，即使是小聯盟頭頭，也難有昔日光環。是不是該口惠虛行，挾持兩端，期待國民黨敗北，向吳副看齊，明年重築爐灶？

朱主席代職參選是高招，也是不得不然。有多少媒體大亨在新北市有土地利益？一旦朱立倫代表國民黨，某些媒體對朱的批評會相對緩和。多少聳人聽聞的弊案纏繞，長袖善舞的外戚，令人好奇的私德，他都需要大媒體「輕輕放下」的善意。大家不用太奇怪，爲甚麼朱市長會抵死不從，不辭掉市長，人在利益在，是爲勝選謀，也爲敗選計！

解決朱的困局，朱仍然有其核武利器：黨產。有選舉達人估算，假如國民黨肯花六十億以上，可以添加百分之十的選票（文化部 250 萬一員，只算是零數）。這也爲甚麼國民黨會自稱黨內的「民調」，朱與蔡只差百分之十？這是期待中的祕謀，不是一廂情願、胡口亂言，因爲只要能拉近百分之十，黨產下放，就能翻盤！吳、王、洪一定歸隊，繁花再度盛開，狂蜂粉蝶隨風曼舞，誰說國民黨好日子不會再來？朱主席宣揚的「兩岸同屬一中」的日子，也就不遠了！

朱這未來三月的競選策略：鼓動仇視「外敵」，來「矛盾統一」黨內的分歧。用「假設中假設性的議題」（朱某獨家的用語）來造謠、渲染：若民進黨得勢，全民都要講臺灣話、都讀臺灣史綱、中華民國不再存在，喪失我們的自由（官商共構的自由？），來恫嚇選民。遠從1994年以來，國民黨就慣用此計，分化臺灣居民主體性的統一和發展。臺灣文化、政治生活被困在十九世紀的主要原因。這將是朱記國民黨剩下來的唯一策略。

這種國民黨不如不要，如藍營名律師陳長文所說的。

臺灣終於有人承認了！

2015年12月2日

道上兄弟有句行話，「要命的」打不過「拚命的」，拚命的鬥不過「不要命的」！以國家而論，伊斯蘭國算是「不要命的」，他們不僅不要命，而且砍人頭，要別人的命。都怪CNN，我們不自覺地，被迫「圍觀」！

美國可算是「拚命的」，但時時刻刻卻想保命，爲甚麼這樣說？因爲美國只想藉其空中優勢，進行轟炸，不太願意派遣地面部隊，侵入敵方城市，進行殲滅戰，伊拉克戰爭是很大的教訓。至於臺灣，只能說我們是「要命的」。因爲太要命了，只好認命！人家要我們出錢出力，打擊恐怖主義，我們就是個「爲善不落人後」、堂堂正正的獨立國家。如果國際強權對立、折衝，我們立即妾身不明，總統名叫「先生」，不能舊雨新知，自我標榜。你敢拋頭露臉，就是破壞現狀、麻煩製造者。

全世界沒有國家承認伊斯蘭國。臺灣只有那麼幾個國家承認，或者準確地說，是「買來承認」的。大概因爲同樣地「沒人承認」，伊斯蘭國雖然認定臺灣是敵對的，是美帝的「細漢」，鄙視中帶點同情，公開承認臺灣是個獨立國家，算是給美、中兩帝難堪，立即成爲頭條世界新聞，令臺灣哭笑不得，你能駁斥「臺灣已經是獨立國家」之說嗎？

世界上還有個國家，介於「拚命」和「不要命」之間，學名叫作「流氓國家」，它就是北韓。中國和美國霸權主義者，不要動不動就要北韓割掉「命根子」，不要把人逼急了，再放幾根核飛彈，讓你們瞧瞧！或者金正恩最高領導人，一時惱火，宣告他要承認臺灣是個獨立國家，給兩大霸權洗門風，北韓也懂得如何要霸道！那時臺灣如何接招，繼續哭笑不得！

哭笑不得之餘，倒是某個國家的某位領袖，値得我們注意，他就是古巴的卡斯楚總統。幾年前卡老先生公開宣稱把臺灣排斥在聯合國之外，是不公不義！可惜他已九十高齡，古巴在美國四分之一世紀經濟圍堵下，殘破不堪，有心無力。遙想多年前，卡總統要到紐約聯合國大會演講，控訴美帝，全紐約市杯葛抵制，卡總統只得在中央公園內露營過夜，再過革命時代、叢林游擊的浪漫生活！

想到卡總統以往聯合國之行，就想到聯合國內，當今有位南韓籍、位居祕書長的

「老痞子」。此耆最善對臺灣落井下石，取悅中霸，多少顯露南韓內心深藏的「恐中」私祕。外電報導此痞將訪北韓，懇談核武困局。臺灣很多人會不自覺地想，當年臺灣要不是出個叛徒，可能早就是核武國家，此老痞也可能要求到臺北訪問，他那有那份膽子，敢對臺灣出言不遜，指三道四！

國民黨要漲價歸公？土地國有化？

2015年12月19日

「雙門炮」及「小福兒」昨天繼續盤據於國民黨立院黨團辦公室，發炮亂轟，「單日打、雙日再打」，不讓共產黨軍當年金門砲戰時的戰術專美於前。這次遭殃的竟然是蔡家多位兄弟們，尤其據傳是行事低調、與世無爭的大哥，居然成爲黑幫頭頭。

當然，雙門炮還是習性難改，繼續不用功，引用數據還是錯誤離譜，令人髮指：一塊土地三億多變成三十三億多。看來媒體和民進黨都逐漸認清，懶得理會。到底事關只是蔡主席哥哥們，不是蔡主席本人，套用國民黨朱主席的邏輯：「是我在選，還是我太太在選！」民進黨也可依樣學習：「是蔡主席在選，還是她的哥哥們在選！」

如果名不見經傳、低調守本分的蔡家兄長們，只因爲有個善於投資、理財的父親，就能被詆爲「大黑幫」，那麼國民黨朱主席的「外戚集團」，力能跨越海峽兩岸、貫穿中華民國政府、藏身於國民黨智庫，廣建子公司、孫公司，從地方到中央，買辦掮客，不假他人，該如何說？應該不是單單一個「黑」字所能形容得了，其「大」可至尾大不掉之臺灣「經濟藩鎮」！

臺北政治達人倒是建議：莫生氣！莫生氣！不要對烏龍爆料生氣，國民黨炮手們只是以爆料為手段，他們不在意，爆的料是不是事實？爆的數字是不是正確？只要聳人聽聞，只要使選民混亂，令蔡主席憤怒發火之影像公諸於世，目的就達成了！達人建議不要與異形畸物共舞，只要橫眉豎目、冷漠以對，就是最好的對策。倒是雙砲手旁，有位列名國民黨不分區安全名單者，一向不受人注意的「小福兒」，昨天發表一新議論，其中邏輯倒值得我們注意。

此姝的邏輯是這樣的：蔡家兄弟們賣內湖成功路土地給某建商，某建商再轉賣給第二個建商興建大樓，每坪賣價五十到六十萬，致使青年買不起，原來全社會的罪惡，都是來自何德何能蔡家兄弟們所造的孽。因此此姝要求蔡家兄弟們（以及其他許多、許多更大咖的投資人、建商）得向社會道歉，把賺的利潤吐出來。也就是，此姝心裡想的（假如不是在玩弄政治）：土地漲價應該全部歸公，才不是暴利，才不需要道歉。

所有臺灣幾百萬房屋所有人，請注意此姝的意識形態和辯證邏輯，若其不幸得逞、盛行，房地產不再有所謂的「蛋黃區」和「蛋白區」之分。任何經濟發展、環境改善、生活機能、交通便利所導致的土地財富增加，都要歸公（不然你就有「暴利」之嫌，得向「社會」道歉）。可預見全臺灣的房屋，會一夕轉換成一樣價值公式：鋼筋水泥的空盒子加上公告地價。房子最有價值的「土地持分」所漲起來的財富，不見了！

如果事情變成如此形態，有甚麼人會再投資，努力開發土地，激發商業活動？誰會再有動機出售房子，誰再會買地，建新房屋？舊房子買賣會停頓、沒有新建房子進入市場，供需失衡，經濟不能完成循環，分配資源，解決（房屋）需求問題，那麼如何平抑屋價？所謂社會公義只是空話！

到頭來，直接就讓國家用公告地價，把空地、剩餘土地完全收歸國有，全面不准私人買賣。土地國有化以後，以後的建設都是BOT案，就像大巨蛋、美河市、合宜住宅、軍宅。由官商合建、訂價、抽籤、出售：這種模式，到今天爲止，看來確實弊端百出，不令人民滿意，而且預期會有很多官、商們會因貪瀆，入牢吃閒飯！

此姝還有另一個令人備感興趣的建議：任何人若買賣土地超過三次（看來是針對蔡英文），不得參加公職選舉。連處罰刑事犯的「褫奪公權」都用上了，可見此姝是非常認眞！如果可運用到「自然人」身上，當然也可施用於「法人」。那麼任何法人，例如說，中國國民黨，買賣土地三次以上，是否也可沿用「褫奪公權」的精神，禁止參加選舉？甚至令其解散？眼前國民黨就有三筆不同房產、土地，公告出售中，應該算是三次吧？小心！千萬小心！「小福兒」委員你快打到貴黨了，會讓國民黨永不得翻身！

雙門砲中的一砲，曾被中華民國最高領導人稱譽爲國民黨難得的資產，另一炮則被某資深領導人視作戰鬥力超強、連戰連勝之戰將，無役不與，愛不釋手，加上朱主席關愛的不分區「小福兒」，誰說他們的意見不正是反應黨的意見和立場？何況雙門砲的陣地不正是位於國民黨立院黨團辦公室？是不是該請國民黨碩果僅存、還有點社會公信力的發言人楊偉中同志出來說明：土地漲價全面歸公，土地國有化不准私人交易，是不是國民黨的既定政策，要全黨同志矢夜匪懈，努力奮鬥？

從「雙砲一姝」的言論和行徑，看來國民黨越來越像改革開放前的老式中國共產黨，怪不得臺大某課程的學生民調：願意接受中國共產黨統治者居然高於中國國民黨。如果這類趨勢民調越來越清楚，更具廣通性，中國共產黨向臺灣人民「搭橋」何需中國國民黨？難怪朱主席會有強烈危機意識，以致不顧形象和政治後座力，急著搬運、出賣黨產，時日眞的不多了！

還記得2012年大選前夕的那群企業家嗎？

2016年1月11日

那年投票的選民一定記得這群「企業家」。尤其是賣手機的那位！她號稱她的公司是中國公司，產品是中國產品。臺灣要綁上中國，才會有前途，就會像她的公司業務蒸蒸日上，前途無可限量！所以票要投給國民黨！真如她所願，選民做了個很壞的決定！

四年了，又是另一次的大選，這是最好的時機檢驗她。這四年來她公司的股價從高到千餘元落到現在的七十多元，不是說中國的產品一定會有中國的紅利嗎？不是說只要前進中國，一切都順遂？想到那些輕易相信、被套牢的無辜股民，實在不願對她公司的未來作預測。韓某人只願這樣說，以美國公司的標準，她公司的董事會早就「叛變」，她早就被逼下臺，董事會一定再找個好價錢，讓公司被購併。公司能重新再來過嗎？機會很渺茫，並且要看企業主的意志和本事，過去她的記錄不是那麼好！

許多人應該記得多年前，她曾創立另一個高科技公司，專攻「作業系統」和「微處理器」，要挑戰 Intel，志大言大，令人動容！股價也一樣從數百元到水餃。到如今，她的公司呢？媒體曾報導，已轉行改作有機農產品，那一群被套牢的股民們呢，是不是也跟著轉行而獲救？

更有媒體報導此企業主加碼購買香港某媒體大咖的多數股份，可見她已志不在她的手機本業。記得多年前美國有個輝煌、燦爛奪目的「王安公司」，不能跟著潮流而作改變，第二代嘗試放棄本業，改作金融，結果呢？一切都成唏噓歷史。我們確實不希望看到此企業主以後以「媒體大亨」地位出現，而不是「科技大老」，即使是過時的！

批評此企業主並不是本文的目的。我們只是感受到 2016 年大選至今只剩五天，黔驢技窮的國民黨是不是會重用 2012 年的最後一招，把在中國有重大商業利益的臺灣企業家們重新拉出來，一字排開？例如說，由「關老爺」當綱帶頭，在最後一夜，「警告」選民們，爲後代子孫計，不得冒險！

幸運的是，2016 年的選民們已非昔比，恐嚇只會反彈！中南海的新領導們聰明過人，豈能容忍臺灣這些豎子們狐假虎威！中南海瞭解要成爲世界強權、漢唐盛世，眼前最重要就是解決國營企業、地方政府的債務難題，找出新的經濟發展模式，強化市場自由機制，卻不容許它外溢到政治領域。誰要理會臺灣選舉的小戲碼、插科打諢的龍套場面，蔡英文選上了又怎麼樣？只要她維持現狀，管住激進的新生代，不和美日帝國主義者呼群引伴！

外科醫生當政！

2016年2月9日

一位醫生朋友告訴我，測試醫院的經營政策是不是「急功好利」，就看醫院是不是選擇「外科醫生」當院長？

他說國立醫院因爲有「政治正確」的因子在干擾，測試比較不準，至於私人醫院，那就準確得很！外科醫生當院長的私人醫院，頗多以「績效」爲指導原則，「擠壓」醫生同僚、護士和病患，錙銖必較，效率掛帥。他們天不怕，地不怕，只怕健保局當家的局長，也是外科醫生，那時就看誰比較「苛」！我的朋友認爲：因爲外科醫術上作業簡單，「心狠手辣」，一刀下去，把壞組織割掉，救了你的命，你還想要甚麼？因此，外科醫生心思單純，「一刀法」的功利原則容易建立，相關複雜的併發症、後遺症都不干他的事。刀割下去，如果厭食胃口大壞，去找內科；精神不振憂鬱傾向，去找精神科；這裡痛那裡痛，去找風濕免疫科；排尿滴滴答答到處泡泡，求找泌尿腎臟科。我的葉克膜不是已經救了你的命嗎？你抱怨甚麼？

三千年前，莊子就很瞭解外科醫生，他說了個故事：

北海神名叫「忽」（突然），南海神名叫「儵」（快速），兩位神祇都是外科醫生，另有中央大帝名為「渾沌」，對兩位醫生有恩。忽醫生和儵醫生商量，渾沌大哥待我們不薄，應該知恩圖報；大哥甚麼都好，可惜是少了一口、兩眼、兩耳、雙鼻孔等「七竅」的怪胎，我們應該為他做個手術，讓他以後形貌完美。於是他們決定為他做的手術細節如下：

四方吃得開的嘴巴；

聞聲救苦、左右都可監聽的耳朵；

高麗郎的人工鼻樑，附上兩個會吐氣如蘭的鼻孔；

狐媚、烏亮、令人魂不守舍的兩顆眼睛珠子。

兩位醫生在說服渾沌大哥後，開始動工，每天工作，日鑿一竅，到第七天，可憐的渾沌大帝休克而亡！

臺北市的三橫三縱的「鐵馬」手術，操刀的是不是「忽醫生」和「儵醫生」的嫡傳徒孫，突然又迅速？為了「潮男」的漂亮形象，要大家捱不必要的「刀」，塞車時你要尿尿，那是你家的事！一夫當關，神勇的很，要是「應急無門」，惹毛小百姓，萬夫所指，到時眞的有人會休克倒地！

孫中山圖騰

2016年2月29日

多年前，中華民國公民上電影院看電影，一開映，全體觀眾要起立站好，聆聽、觀看一段國歌影片。

片中有偉大領袖蔣中正，矢勤矢夜，爲國辛勞，著戎裝，精神奕奕，向全國軍民同胞揮手致意；還有強大的國軍，空降，登陸，好像反攻復國的時機，隨時來到，要大家一心一德，準備好，貫徹始終。

今天，中華民國公民大概都會認爲看電影就是看電影，不需要先來一套精神講話。中華民國不再那麼緊緊張張，立正站好，一個口令一個動作。一進電影院，躺上柔軟的坐位，向嘴裡丟進幾顆爆米花，啜一下可口可樂、運動飲料。啊！多麼感激！中華民國變得柔軟宜人，不再屬於某個偉大領袖、某個有中心思想的政黨。中華民國屬於我們，全體公民，民有民治民享：我要站好、坐下，向誰行注目禮，那是我家的事！

中國國民黨員最喜歡說他們的黨是有歷史的。不僅如此，他們也自誇有堯、舜、文、武、周公、孫中山、蔣中正、蔣經國、馬英九的道統。我們可以順其意，試著由近譬遠，檢視一下他們：馬英九，大家都認爲，令人尷尬，不論；蔣經國以他在莫斯科所受的共產黨教育，一定厭惡此種類似封建時代帝系表的東西，也可不論；最喜歡這種道統表列，是蔣中正，不幸他慢慢在人民的記憶中淡忘、消失。道統只好繼續往上頂，自然就輪到孫中山了。要不是最近民進黨冒出個口無遮攔、小腦袋的黨員，弄出個遺像大麻煩，中華民國檢討孫中山，應該會假以時日，不會那麼倉促！

中華民國和孫中山先生到底是甚麼樣關係？歷史上，有兩個截然不同的孫中山。十年奔走革命，民國元年，就任臨時大總統的孫中山；另一個就是民國十三年聯俄容共，接受「共產國際」援助，創立黃埔軍校，重組改造中國國民黨的孫中山。中華民國和兩個孫中山的關係，剪不斷，理還亂，到底是要連那個孫中山，才是正統，才算是歷史正確？可能見仁見智，各黨各派，各有各的結論。

以中國共產黨的立場，解說孫中山沒有那麼複雜。中山先生是偉大「革命先行者」，過去的歷史人物，已經蓋棺論定。對於他的「容共聯俄」政策，結論是五五開。

「容共」：容許共產黨以個人身分加入國民黨，令共產黨員在清黨時候，蒙受重大犧牲，是共產黨的錯誤，因此當時接受「容共」的中共大家長陳獨秀，正確地受到清算，是「托派」，是右傾機會主義者。「聯俄」：學習俄共列寧式的國家與革命、統一思想、黨政軍的組織、祕密特務工作；中共不但可學習都市內工運、學運，更可擴及到農村的土地調查、土改、組織農民等經驗。「容共聯俄」給中國共產黨寶貴機會，從一個上海市都市型知識文人的政黨，轉變成有能力組織軍隊，率領紅軍，占據蘇維埃紅區，工農兵一體的戰鬥集團。

對中山先生「容共聯俄」策略，臺灣的中國國民黨，在蔣家父子強人過世之後，如何做處理？讀過中山先生在黃埔軍校一系列三民主義演講，會發現中山先生，不時讚揚蘇俄共產主義，以能跟上蘇共營造出來的世界新潮流而自得，最有名的例子就是他在演講中很愉悅地說「民生主義就是共產主義」。這和蔣中正敗退臺灣後所著《蘇俄在中國》，是有左右之分，至少對「容共聯俄」的觀點不同。到底誰才是中山先生的眞正承繼者？國民黨左派還是右派？是國民黨革命委員會還是國民黨改造委員會？是宋慶齡還是宋美齡？可肯定的是這分裂絕不是蘇俄總顧問鮑羅廷所造成的。大惑如何解決，再決定是不是可以爲中山先生設立祖宗牌位？自己都說不清楚的事總不好要別人屈從！

事實上，國民黨如果有膽識，就應該跳過蔣中正，用蔣經國直接連接左派孫中山。假若經國先生在另世有知，一定很苦惱，傳統「忠臣孝子」叫他如何擔當得起？但是莫斯科共產主義的教育：反帝、反殖民、反封建、全世界被侵凌的民族一起站起來，一定對他多少有影響。當他說「我是臺灣人」，大概沒有多少人會說他在騙選票。國民黨也無須花那麼大精神，處理本土、非本土路線鬥爭。不幸國民黨後繼無人，想法只是愈來愈右，愈沙文，愈法西斯！

國民黨的前途需要靠過去的圖騰來保衛？孫中山的知識用二十一世紀的標準，是那麼偉大，那麼重要嗎？國父遺像會引發那麼大風暴，只證明國民黨已失掉創造力，抱殘守缺，不知今夕是何日，「祖宗家法」是他們的未來。一個偉大的民族，永遠會對他的偉大人物「殘酷」，邱吉爾懂得這個道理。

很可能成爲國民黨新黨魁的洪秀柱，信仰中國國民黨會以孫中山的三民主義統一中國，她當然知道比較可能的結局：中國共產黨會以「新版三民主義」統一臺灣，假如有朝一日她成爲臺灣領導人。到時，孤臣無力可回天，她心裡會想，不管如何，終究還是一個中國，這有甚麼不對？不對的是像黃敏惠的政治人物，主流對非主流、本土對非本土，黃敏惠就是黃復興，又要舉孫中山遺像當祖宗牌位，思想如此胡亂！她眞不知道自己在說甚麼，別人在想甚麼？

中國共產黨不在乎臺灣是不是在「去掉孫中山」，他們擔心是有人藉去掉孫中山而行「去中國化」，去不去孫中山本身並不是那麼重要！臺灣有很多人會說，中國涉臺袞袞諸公眞是太多慮了，連結中國方法多得很，如果從黃埔軍校、國民革命軍北伐，國民黨這條「中山路」行不通，那麼二萬五千里長征到延安這條「澤東道」總可以！有人就說柯P可能在想後面那條路。即使臺灣有人兩條大道都不走，也可走向世界，再走回中國。

抗戰時，毛澤東在延安對青年黨員領袖們吐露心底話：「蔣委員長總以為天無二日，民無二主，我老毛就再造個太陽給他瞧瞧！」不久，毛乘飛機到重慶，為民族抗日大業和蔣「懇談」，一下機就舉手高呼：「蔣委員長萬歲！」連「敵我矛盾」都可以如此處理，戲是可以這樣演，路是人這樣走出來的。你要掛遺像你就掛，別人不想一樣跟你姓「孫」，相信中華民國永遠大於孫中山，有甚麼好跳腳？放心放心！去掉孫中山，上頭還有許多聖君賢相可以推！推到最頂端，也可以有《公羊傳》、《穀梁傳》之分，今文、古文經學之辨，矛盾促成統一，中華文化博大精深，哪裡都可以找出一條路來，孝子賢孫們有甚麼好惱怒的！

美國極左和極右勢力的對決？

2016年3月3日

桑德斯參議員和地產大亨川普各自在民主、共和兩黨初選顯露實力和成功，有人會擔心2016年美國總統大選，會不會是左、右兩派激進極端主義的對決？

這點倒是多慮了！美國政治即使陷入激進、極端主義也只會是右派的，不可能是左派激進力量得勢。桑德斯參議員的激進左派社會政綱，當作年輕世代抗議、宣洩則可，不可能獲得主流社會的支持。當初選戰從自由派的東北漸移到保守南部各州時，政治現實會變得很清楚：以「深南」（deep South）各州白人的政治觀點，桑德斯會被視為「社會主義者」，甚至是「共產黨」。被視為社會主義傾向的候選人，取得黨的提名，獲得勝利，民主黨歐巴馬是左傾的極限，比歐巴馬更左的候選人不可能在美國政壇成功。代表民主黨中道主流、政治經驗豐富的希拉蕊女士應該會在民主黨初選勝出！

右派的激進極端主義，相較於左派，在美國政治發展的前途完全不同。南北內戰雖然屬古老歷史，但文化上南北的差異、隔閡仍然存在。七十年代尼克森「南方策略」的成功，藉南方各州對民主黨詹森政府「民權法案」的反動，轉變南方白人從傳統民主黨人到支持共和黨。近幾十年來美國人口重心往南移，南方「新工業」的成長，南方特有的尚武精神，昇華成「愛美國的情操」。茶黨（雖然起源於麻州）、抗稅、民兵組織，以及西部各州強調的個人獨立性格，都有「南方精神」的影子。

共和黨候選人川普口無遮攔，我口說我心，「我喜歡沒有受過多少教育的人」，反對新英蘭名校所教育出來、充斥聯邦政府官僚系統、媒體的「自由主義分子」，川普對足了南方佬胃口。川普能否成爲共和黨候選人，需要從南方佬的觀點來探討。以今日反「老體系」（establishment）的政治氛圍，川普的出線，極爲可能。

相對於南方，北方各州鋼鐵、汽車、機械等傳統工業的式微，因而削弱大工會勢力，影響民主黨社會群眾的基礎。雖然都市型知識分子和政府雇員公會的效忠依舊，民主黨的新興支持力量只來自於好萊塢的製片人、明星、矽谷的年輕創業群，和西北角奧勒岡、華盛頓州的環境保護運動。這是「生活方式者」（life stylist）的鬆懈、自由的聯盟，不像共和黨意識形態鮮明，社會議題堅持（反墮胎、反同性婚姻、反藥物合法、反移民）的政治結合。

希拉蕊和川普對陣，最後到底誰會得勝？韓某的判斷應該會是希拉蕊。希拉蕊一定會在總統最後大選，把民主黨拉回她夫婿克林頓總統的中道主流，對中間、獨立選民，尤其是年輕選民，有較大的吸引力量。兩黨各據南半邊、北半邊，紅、藍軍區壁壘分明，民主黨只要能在「搖擺州」（swing states），取得優勢，例如說，俄亥俄州（有親民主黨西裔、工會力量）、佛羅里達州（親民主黨退休人口）、威斯康辛州（年輕學生、自由主義白人）、喬治亞州（非裔選民），民主黨勝利即可決定。人口最多的三大州，未選舉前已經決定屬誰：紐約州、加州（民主黨），德州（共和黨）。

川普的共和黨右派激進勢力，會贏得總統大選，要基於其它難以預測外部原因，例如說，美國承受巴黎市層級的恐攻，證明川普對回教徒的態度、移民政策是正確的；或是歐盟再度出現危機（希臘債務、恐攻、難民）證明民主黨學習的歐洲自由主義那一套行不通；中、美南海爭端擦槍走火，點燃雙方的「愛國主義」，難以收拾；還有2008年的金融危機再度出現，證明主流勢力的自由貿易、全球化的信仰，是絕大錯誤，都是川普獲勝的大好良機：歷史常是意外事件所造成的。

柯P的唯一出路：新藍教主

2016年4月10日

臺北媒體傳言，柯P要組織個「白色力量協會」（柯黨的第一步？），並且還活靈活現地說柯大大已經約見今年選秀第一順位：楊偉中。

國民黨有人咬牙切齒地說此「楊逆」不除，如何面對國民黨歷年來拋頭顱、撒熱血的仁人志士？事實上，國民黨謀略人士應該暗自歡喜，楊前同志絕非白色力量的指標人物。白色力量協會加上楊偉中，只見柯P思想如何混亂，不管他的IQ 160多高，邏輯運算多清楚，到頭來還不是垃圾進、垃圾出！

想想看今日的「白色力量」（假如還存在）會把柯P視作啓蒙先知嗎？柯P近數個月的敗筆，例如，選在二二八，以汗水代淚水，雙塔鐵馬，氣吞千里如虎。此戲碼有如國民黨選擇「寧漢清黨」事變日，來紀念創黨百年，於是SNG車雲集，101大放煙火！

柯Ｐ志大言大，和橫遊長江的毛主席比高下，邯鄲學步，我們大家不吝於「與人爲善」，不必太苛責、笑話柯Ｐ！到底臺灣公民深受自由民主薰陶，每天晚上還要上各路名嘴的「惡補」家教，我們哪裡是當年《人民日報》、《解放軍報》、《紅旗雜誌》等兩報一刊，以及中宣部的「最高指示」所能左右的藍衣群眾：他們似乎只要意識形態對，就能酒足飯飽、精神亢奮。我們大家要看的是政客的政績，不是英雄；要的是全民可共用的阿房宮，不是秦始皇！

柯Ｐ聰明絕頂，應該會計算一下（不是反省，聰明人哪懂得吾日三省吾身），形勢確實比柯Ｐ強。算算看你已經得罪多少「普通人」？綠營的徒眾不善於「含淚」、「含血」、「含恨」投票，他們卻善於找出「過河拆橋」、「身懷背骨」的政治人物。問問前高雄縣長以及幾位前民進黨主席的下場？何況你又不是黨員！也有一群仰望你爲「英雄」的平民百姓，不分藍綠，多麼希望你能給那些高傲、相互勾結的政商們「好看」，而你的作爲，確實令他們洩氣，傷了人家的心！再問問白派的年輕人，現在有多少人會相信你有名的「白目」，是政治靈魂的清純？

1,600 億的市政府預算，扣除了 1,200 億行政人事費用，只剩 400 億，形勢比人強，你如何創造出「阿房宮」似的政績？你可以打得官商勾結的惡棍建商們哇哇叫，到底他們吐出多少民脂民膏，這才是重點。這些建商們「深謀遠慮」，知道你的弱點，以時間換取空間，要看你「橫行」到幾時？

當然，以柯市長 157 的 IQ 應該知道打擊敵人之際，要同時結接新朋友。處理惡棍建商，同時要找出循規蹈矩的商人，願意爲你兩肋插刀，幫助你再 BOT 一番，創造出一些臺北市的政績。但是善良的建商，誰不害怕產、官、學、媒的黑暗集團？他們又不是雄傑的尹姓大咖，公關親朋滿天下；也不是可憐的蔡家兄長，只會逆來順受，有苦吐不出。商人本性深知「利」害，會有哪個善良商人敢再蹚渾水？這一開始就是最困難之點，需要有長程規劃。你的政治幕僚只曉得炒短線，忙於造神運動；一旦事不如意，立即放話辜某願意接手，立即爲當事人否認、打臉。這樣長程政治代價要由誰來支付？

所以「用者付費」是唯一選擇。東刮西扣，與民爭小利，看是不是能積少成多，騎自行車，做點小事，這是 IQ 157 者所當爲，市民所囑望？神祇是會有報應的。想要做大事，不負上天 157 的恩寵，看來只好從頭做起，甚麼是柯 P 最好的出路？

首先，要徹底忘了與綠營和白色力量的「公關災禍」，例如說，臺北市五大案尚不得解，怎有餘力旅日訪美，所爲者何？是不是怕大家忘了你有更上層樓的鴻鵠之志？再說些甚麼「太自由會有禍端」，這不是取悅右派，倒打年輕白色力量一耙。毛主席也知道說，矯枉必須過正。要過正才會有轉形，才會有遲來的正義！要不是年輕志士的矯枉，你哪有市長做？

不管綠的、白的，往事已矣！若不想辜負你的 IQ 157，「國民黨不倒，臺灣不會好」的藍色天命，你必須來承擔。攔腰一橫，引刀一快，給病入膏肓的國民黨一個痛快，非你莫屬。也就是要送走「舊藍」，「新藍」才會浴火重生，而柯 P 正是命定的新藍教主。

這是柯 P 唯一的出路，當仁不讓。柯 P 自認自己是蔣經國的私淑弟子，他打從心裡就這樣相信，他不需要呼群保義、慈湖謁陵，就會有很多國民黨人相信，而且以後會有更多人相信。當他說出「兩岸一家親」，中南海一定相信他會接受「九二共識」，有甚麼比這更深更藍的大是大非！柯 P 當「新藍教主」有甚麼不對？難道血液一定要對，那麼應該建議黃復興諸君子，讀讀雍正皇帝的《大義覺迷錄》，天下有德者居之，能置百姓於衽席之上、安居樂業，才算是正統。

柯市長不要再搞甚麼「白色力量協會」，應該很霸氣地說，我柯 P 就是新藍教主，我重用楊偉中和被開除黨籍的四大寇，理所當然，並且歡迎自動退黨，選擇光明的舊國民黨員，忠臣絕不會被當作奸逆來處理。柯 P 可組織一個政黨，名叫「台民黨」，你可以解釋它是臺灣國民黨、臺灣親民黨、臺灣民主黨，唯一不是的，就是中國國民黨。台民黨是本土的，但會接受「九二共識」，看你中國國民黨還有甚麼新花招，可繼續唬弄臺灣善良百姓？

2018 年臺北市長選舉之役，柯教主可嚴肅地對綠營說，你要是不能含血含淚支持我，就等於讓黃復興中國國民黨繼續爲禍臺灣，那麼這個歷史責任在於綠營！我們可預期會有個既聰明又成熟的政治人物於 2018 年出現嗎？到時柯 P 會不會把 160 讀作 061，天才居然會謙卑、懂得反躬自省？預言是會自我實現的，我們姑且這樣相信。天佑柯 P，天佑新藍營！

核武臺灣？

2016年4月29日

七、八十年代，臺灣發展核武以及臺裔美諜的故事，這幾天又成爲熱門話題。今天誰在乎他到底是從清泉崗還是小港機場（或是穿美軍軍服還是平民服裝）逃離臺灣？不管如何，臺灣到現在仍然有很多人難得在這話題上，和郝爺爺意見一致：叛徒還是叛徒！

歷史總歸歷史。現在該想的，假如你願意想，以臺灣現有的國力，有沒有能力發展核武？假如回答是肯定的，那麼該如何發展起？

第一需要回答的問題：臺灣有沒有這個能力？臺灣當然有這個能力。這倒不是自誇臺灣人「天縱英明」，而是理論物理、工程科學這幾十年的發展，和科學知識的散佈，相對地這些老的工程問題，如彈頭、載具的設計，不再是那麼複雜、難纏。尤其是電腦微型化以及積體化後的數學計算能力，世上有甚麼不能被模擬和設計的？工程步驟、型模，再複雜也比不過「博弈」動力學狀態下的（dynamically）圍棋和西洋棋。

全世界都知道以色列擁有核武，這個國家可曾試爆過、試射過核武嗎？只擁有「古典」能耐的北韓，才需要不時爆幾個、射幾枚。或許北韓做得那麼勤快，絕不是工程設計上的需要，而是因爲要達成其政治操作的目的。（自保？勒索？）韓某人相信北韓的國防研究中心一定有不少臺灣製造的電腦。

回歸到有關彈頭設計的物理問題。古典型（教科書式）的彈頭是設計彈殼內緣成八角形，安置高爆炸藥，引爆後的「氣爆」向中心集中（implosion），擠壓彈頭中心分隔成多個高純度核原料（U235 或 Pu239）包，融合成一大整塊（傳聞約十磅重），到達臨界質量（critical mass），啓動中子連鎖反應，一發而不可收拾（愛因斯坦質能互變方程式）。

引爆的過程，就化學反應動力學而論，不算複雜。困難的是高純度核原料（百分之九十九以上）的取得。不管純化工程（purification）用的是氣相滲透法、離心力分離法，或較新的雷射光捕捉法，都需要大型工廠，大量電力供應，隱密困難，容易招惹外人的政治干涉。

在核武「實體化」之前，所有的知識建構、軟體工程，對臺灣而言都不是問題，也就是所有物理、工程、軟體上的問題我們都能自己解決，可以把所有設計和作業，按步就班準備好。如果在某種國際緊急情勢下，有人願意提供純原料，我們能依照我們的設計，迅速合成我們的核武裝置，這才是重點。外頭勢力願不願意，多少取決於臺灣自已的準備，是否充分、可靠！

國際政治常有「代理戰爭」之說。戰爭可以代理，爲甚麼「戰略核武」不能代理？用個極端例子說明，就容易明白。若有人恐嚇某強權，你要臺灣還是要 LA？強權因要反制，臺灣可立即從某種國外途徑獲得原料，合成核武。恐怖平衡不再是臺灣和 LA 的選擇，而是臺灣和另個方向大都會城市的選擇，強權可以迴避立即的對撞，而不受核子勒索。

除了代理外，也可以「戰略核武」代工。沿著歐亞大陸邊緣，有多少新興的核武國家需要有戰略的縱深，迴避國際政治的扞擾，而「代工」或是「代儲存」就是戰略的一種。事實上日本修憲，對於有關同盟國的救援，有新的解釋，是不是涉及到核武？你知我知，不說總比明說較有戰略意義！事實上，日本是個可隨時合成核武的國家。日本的模式可能就是臺灣追求的範例。

臺灣是有很多寬廣國際空間可以開拓的。想想看你若有立即取得核武能力，那位南韓籍聯合國「老痞」祕書長敢再對你發言不遜？這世界上還有另個善良、熱情洋溢、民主、更有拳頭的「北韓」，可令他昏花的老眼，開個眼界！

臺灣眞正的困難倒不是別人怎麼樣打壓，而是有多少人願意相信臺灣是他們的「命運共同體」，而肯同舟共濟？道不同不相爲謀之下，即使你有多大能耐也發揮不了戰力！外人會相信臺灣政府會嚴守分際，守口如瓶，像日本政府的事務官僚群，因此願意和你分享國防戰略技術機密？

諾貝爾物理獎與納粹黨

2016年5月4日

讀過大學物理的學生都知道上個世紀三十年代，當革命性「量子力學」創立時，有位偉大的德國物理學家名叫海森堡（J. Heisenberg）所做的貢獻。他的「測不準原理」、以及對量子力學另類的解釋方式，學子們一定如雷貫耳，永誌不忘。當然，他得過諾貝爾物理獎。

不為人所熟知的，是二次大戰後，人們才慢慢發現他居然是納粹黨的同情和支持者。一位偉大的物理學家，為何他的社會價值和政治立場會如此的走樣，實在令人吃驚！一位知識巨擘居然會智有所短，慮有所昏：人要「全面性」的偉大，禁得起時間考驗，實在不容易！

華人知識界裡也有這樣的出名人物。此鉅子年輕時與一更年輕的學者，合作發現原子核衰變時，宇稱（parity）不守恆，震驚物理學界，他當然獲得諾貝爾物理獎，和其同伴分享榮耀。

無獨有偶，此鉅子也對法西斯主義，情有獨鍾。他對左派法西斯政權的支持是有長久歷史的。或許我們對其應該有同情性的瞭解：他就學、人格成長期間，正是國族遭逢巨難，因此只要國家強，管它是甚麼樣的政權，都可以接受！何況當權者對待其如「奇貨可居」的國師！

「宇稱」居然不守恆，他應該會有玄學上的警覺：他的時代、政治價值不會永遠「守恆」，時時都對，處處都可適用。東山飄雨，西山晴，江山代有異人出，小心用自己的正軌和常規（gauge）強加於人，要人認同。

這位學人敢用自己「已屬歷史」的盛名，帶頭四十位院士要求拋棄中研院行之有年、公義的選拔方式，甚至公然地要求政治力介入，喧騰媒體。臺灣的年輕世代該反省：是不是他們太過敬老尊賢，過分揄揚這些人的能耐？大師多年前的「創見」，時至今日可能只是學子們的「常識」！

說眞地，韓某人寧可接受商賈式的學人，也不願接受自以爲是、挾十三億海外人口的政治學閥，壓迫兩千三百萬人對海內學人們的選擇！

兩架大黃蜂示威之後？

2016年5月8日

馬總統太平島主權「悍衛團」專機，訪問島後回臺返航，旋即遭美軍兩架大黃蜂「護送」五分多鐘。美方拉下臉來警告，意味十足！

臺北國民黨某「戰略專家」訕訕地說，美國航母戰鬥群，派來兩架大黃蜂，只是要查看馬總統的運輸機，對美航母有沒有敵意。（神風特攻隊？）另有一位國民黨女姓立委更是突發奇想，她承認這是「警告」沒錯！但是針對準總統蔡英文而來。（警告她接受還是拒絕九二共識？）臺灣公民應該還記得二、三年前，也有兩架大黃蜂「迫降」臺南機場，理由是一架機械故障，另一架護衛姊妹機而來。有好事媒體詢問國防部，兩軍機降落，事先有沒有得到許可？國防部支支吾吾……，那時候正是馬政府九二共識之說甚囂塵上（也就是中國對臺灣擁有宗主權），而希拉蕊國務卿明白打臉馬政府：臺灣地位未定！

美方大概不會「白目地」在五月二十日之前，又有兩架大黃蜂「迫降」松山機場。若此，那時全國軍民同胞們，包括馬總統，一定無絲毫懷疑，全都瞭然於心，馬氏烽火外交終於燒到松山機場了，可能只有那位國民黨女立委仍然不覺悟。她一定興奮地嘶喊：「你看，又來了！又來了！又針對蔡英文來了！」

大黃蜂事件已表明，強國已不再保留顏面地含糊以對：用平衡桿走鋼索，不左不右的日子，已經過去了！南海爭議給強權改變戰略的藉口和著力點。時至今日，強權中會有策士再說「戰略夥伴關係」？還是「重回亞洲」，權力再平衡？

臺灣朝野，都要面對國際強權政治的新形勢。快上朝當政的民進黨核心幕僚，還在沉迷於選舉勝利的花巧戰術，沒有強烈感受到「戰略主體」的改變（paradigm shift），最多只思考立法院戰術的運用：大河當前，洪流滾滾，忙著在河岸編織草鞋，孺子暫時不可教，在此可以不論。

倒是失敗的國民黨，痛定思痛，確有新的戰略布署！媒體評論國民黨的改變是「東廠化」，因為黨關鍵職務都給了出自特務調查系統的人馬。國民黨東廠化的真意，倒不是強化黨「選舉機器」的效率，而是強化黨的中心思想，清除革命隊伍中叛徒和異議分子，外抗強權，做傾中、再革命的準備。

國民黨很多人眞地沒有想過以黨中央親共和統一的堅持，一定會形成和兩蔣父子「反共」、「堅守民主陣營」立場的矛盾？也就是國民黨要和「共黨中國」統一，不需要放棄、甚至清算兩蔣父子的遺緒？當前國民黨中央在主體性思考上，眞地在意「形而下」中正紀念堂是否被拆除？還是犬儒地冷靜計算，拆除議題可以激化多少藍綠對抗，有多少潛在的政治利益？

某山口組會長說得好：「國民黨要坦率面對中華民國已經不存在的事實！」他可能已經覺悟到，中華民國已經慢慢地被民進黨吸收、占用，何況又有個所謂「臺灣國民黨」的怪胎、孽子盤據，內外交相賊。如果中華民國和中國國民黨的黨國關係已經剝離、解體，那麼有個紀念中華民國領袖的神壇幹甚麼？重要地，倒是國民黨要如何聯結中國？統一不能再透過中華民國的兩蔣父子，顯然需要對國民黨黨史重新再作解釋！

事實上，新黨頭頭已做過建議：國民黨歷史可以重新在民國十三年的孫中山身上開始作聯結。也就是以左派孫中山作爲起源，是宋慶齡不是宋美齡，清黨和國共內戰是歷史的變調和逆流。更因爲中華人民共和國參加韓戰的錯誤，才給予兩蔣父子及其後中華民國在臺灣的歷史機會和作爲。中國國民黨在臺灣的「改造委員會」是個意外，不是正統；在大陸政治協商會議中的中國國民黨「革命委員會」，才是黨的正統，黨的歷史正流！

幸運地，中華民國在臺灣已孕育出主流新品種，發榮滋長，慢慢地有「新共和」的意識和政治文明。社會如此演化，已經不再是所謂一小撮「皇民台獨說」所能解釋的。這是世界文明在臺灣這塊土地上播種成功，長大茂盛，誰需要再和中國聯結？誰願意付出聯結的代價？民主自由是和臺灣聯結的。

馬英九趨庭祖訓中要「化獨漸統」中的獨，已不僅是所謂「皇民的獨」，更是多數國民黨員相信「兩蔣中華民國歷史獨立存在事實」中的獨。此兩獨逐漸合成一「天然獨」，這才是已經失掉中華民國，國民黨中央內「紅色娘子軍集團」所畏懼的。

封建中國歷史中，孱弱的「皇室」受外廷權臣的抵制和尾大不掉藩鎮的抗衡，靠的就是內侍宦官集團。這些集團通常掌控特務、禁軍，不管他們被稱爲東廠、西廠或是錦衣衛。此次國民黨中央組織的東廠化，看來是頗有封建中國傳統特色。我們不必太吃驚，其中有許多是「皇室」要自保的因素。

需要特務自保的皇室，卻要到處宣揚國威，天無二日，民無二主，這世界當然只有一個中國，從有歷史以來，就是這個樣子！東海是，臺灣是，南海是，一絲一路更是！金大官人說：讓我們試試看（這個樣子）！中華帝國此類歷史經驗實在太豐富，試試看？無妨！看來你也翻不出如來佛的手掌心，因爲從有歷史以來就是這個樣子！

清風不識字，何故亂翻書？大家都說：只要不再翻AB檔了，與人爲善，多翻無益，嚇人者人恆嚇之，這個不必要的試試，倒是可以免了！

當大家都對國民黨失掉興趣！

2016年6月23日

很快，大家都會對國民黨失掉興趣，管你的尊名是「中國國民黨」還是「國民黨」？

假如，茶餘飯後，真的要談事實，「國民黨」比「中國國民黨」之名，歷史更久遠。楊前發言人說的沒有錯，他只是建議，恢復「國民黨」之名，不是把「中國國民黨」換掉。顯然，楊前發言人比洪前總統候選人，更瞭解黨史！至於「臺灣國民黨」，已經被「謀殺」！記得當洪姐拋磚引玉成功，紅潮滔滔，抵制「一中共表」，而有「臺灣國民黨」運動。不幸，立即被某「精神領袖」大力更正，倡言只是「藍色蕃薯團」，他自己是「藍皮藍骨」。多年來對其「藍皮綠骨」有期待的善良百姓，終於恍然大悟，如其所願，「藍色蕃薯團」此次大選，幾乎全軍覆沒！

國民黨分裂成「紅派」和「白派」，勢所難免。「紅派」不因「洪姐」而紅，「白派」也不因「白哥」而白。紅白之間，只是地域屬性、利益掛別不同，同樣「俗世價值」充沛。至於「滿地紅」的正統，只好委曲好穿中山裝，高唱民〈中華民國頌〉，喜愛〈新鴛鴦胡蝶夢〉的兄弟們來擔當，哥兒們不可不弘毅，任重而道遠，雖二千三百萬人，吾往矣！

有一天，當臺灣選民談起國民黨的紅派、白派，如同高屏的紅派、黑派，臺中的海線、山線，一樣稀鬆平常，誰管你家的「大是大非」？那時，就是國民黨新生的開始，誰說國民黨不會再成爲臺灣第一大黨？

陳湘湘與陳撈撈

2017年2月27日

其實，洪主席不必要爲陳副主席，近日批判兩位黨內同志，緩頰美飾。陳副主席（可不要和那位「陳撈撈」搞混），伊一向的立場，舉國皆知。

中國當然不會亡於日寇，但可能會亡於自家同志，即使是區區「兩顆子彈」。事實上，要怪就要怪詹副主席自己——在那緊張歷史時刻，沉不住氣，頭剃了一半，就急忙跑出去「救駕」，也不問是哪一黨的？就此顯露他「血的知覺」有問題！如今還要求到中常會列會澄清，此爺如果這點認識都不足，小國民們眞不知從何說起——可是人家還打算選總統呢！

陳副主席除了痛述「兩顆子彈」的疑雲外，也另外重批黨內「口天」大老。此大老能言善道，號稱可以一「口」遮「天」，當然不是一條直腸子的湘湘漢子所喜愛和信任的。

陳副主席是如此批評，「中國國民黨」中國這兩字是大事大非，不要心存僥倖，想用「中國臺灣國民黨」或是「臺灣中國國民黨」，或是缺而不論，打混戰，叫作「國民黨」，暗喻「臺灣國民黨」。「口天先生」若想要耍奸計，在中國兩字下功夫，令中國蒙羞，就是國民黨的叛逆，李登輝第二，就是不共戴天，與汝偕亡！

怪就怪了，口天先生的發言系統居然不作駁斥，他可是黨內第一位重要人士稱李前總統爲「無恥之徒」。大家猜，身爲哲學家的發言人，當然只會說「天下爲公」，不會談「無恥之徒」。

小國民們的觀察，事實倒是，「口天先生」和「三橫一豎」暗通款曲，犯了大忌；更令「湘湘幫」不安的，「三橫一豎」居然和民進黨大派系結盟，在農田水利基層選舉裡令蔡中央，翻了個跟斗。從「口天」到「三橫一豎」以至「新浪」，豈不是攻守自如，包括臺灣國民黨的「多數聯盟」就此出現了嗎？

如此發展，看來國民黨主席之爭，最終會分化成兩大陣營。我們可謔稱爲（絕無不敬），「陳撈撈」與「陳湘湘」兩大團體：一個是「能撈就撈，來者不拒」，另一爲「湘湘流水寒，壯士年金豈能不復還」。到底誰會勝出？「世事難料」的馬先生，押注的倒是另一頭冷門駒！

小國民們就國民黨此時此刻的亂狀，採風民謠，且歌之爲：

「賢瑜」相濡以沫「郝吳柱」！

快撈東海之水來相助，

怯怯生生來了潘仙女，

呼風喚雨，水淹金山，白娘哪裡覓？

湘湘流水寒，壯士年金豈能不復還！

奧克拉荷馬州的落日

2017年4月4日

他告訴我這個故事時，我們正沿著35號州際公路在奧克拉荷馬州境內往北開。九、十月的天氣不是那麼酷熱，天邊大大的夕陽，正緩緩地下落，反射過來的光暈也是同樣地和緩，不再刺眼。

「臺北的親戚打電話告訴家裡，淡水河邊丟著十幾具曝曬的屍首，其中好像有你的叔叔！」

「我急忙從臺中趕去，在河邊終於發現叔叔，他眼睛瞪得大大地，望著天空。」

「我跪下來，合攏他的雙眼，把他的身體用準備好的草蓆裡好，雇車回臺中。」

他繼續開著車，有一段很長的旅程沒說一句話，夕陽慢慢地接近西端。

「從小他就是我的偶像，我偷偷地多希望他就是我的父親！」

「東京帝大醫學院，戰爭時期徵召到大陸當軍醫。戰爭結束，留在北京協和醫院當醫生。然後回臺灣家鄉當醫生。」

「……要是戰爭一結束，就回臺灣！……不幸他在北京多耽幾年，協和醫院裡有位同事……」

「出事以後，全家族向叔叔的病患，一位陳姓黨國元老叩頭求援，陳老一臉冷肅，不發一語！……全家甚麼方法都用盡了！」

又是一段很長的沉默。他嘆了一口長氣！

「我不像有些人那麼有膽量，拿到綠卡就興沖沖地回國！我要拿到護照以後，才敢回臺灣。回家前護照 copy 好幾份。例如，在我旅館的桌子上放一份。出門招計程車，一上車，護照一揚，這就是我的身分！有些司機很訝異，以爲他們接到一位 nuts！」

我不發一語，看著西邊的夕陽，怎麼奧克拉荷馬州原野上的落日會如此的大，顏色會是如此的含糊、腥紅和妖異！我轉頭看著東邊，一輪皎潔光亮的明月正緩緩地上昇！

新自由主義的困境

2017年6月4日

當英國公投退出歐盟時，多數人不相信這是英國人理性的選擇，而是一時的恍神，故有人發動「覆議」之簽署，沒有太多人相信暴風雨快來的前奏。

美國大選時，川普幾乎患了所有公認的「社會禁忌」，飽受自由派媒體（在美國應算是主力多數）和學術、政治精英圍剿，卻仍然勝出。這怎麼可能？一定是邪惡普丁的俄國特務所發動的網路假新聞奏效，絕對不是正常美國人民的理性選擇。想想一群只會讀《聖經》，喜歡野外生活，扛著長槍打野鹿，被認爲是白癡（moron）的南方白人，怎麼有能耐越過俄亥俄河谷，一路「打」到五大湖畔，連內戰時，知兵善戰的李將軍都沒有這種本事！白癡加上中西部白人農夫、還有東部藍領的白人，連威斯康新州左派激進的教授和學生，都靠不住了，居然聯合起來，造我們「精英統治集團」的反，給全世界惹這麼大的麻煩！

這就是東北角精英階級的思考，就叫它爲「新自由主義」（neo-liberalism）的意識形態。精英們可能會有如下對自己的論述：我們長春籐聯盟教育最好，知識最豐富，有世界觀，不是嗎？我們的相互通婚種族混合論、性別自由選擇而平等，最好而且最容忍，可不是主張近親繁殖？我們相信全球化、自由貿易，不論已開發或正在開發的國家，各盡所能，相輔相成，各取所需，理想世界新秩序，有錢不是鼓勵大家一起賺？我們相信「大政府」能透過中央官僚體系，重新分配財富，所以不用怕大企業、大銀行、大財團的「托拉斯」，大有爲的政府，弱勢哪有被忽視的可能？那麼，我們放諸四海而皆準的想法，既愛善、又眞美，怎麼會所遇匪人，遭人拋棄？

顯然精英們因高傲、自戀，思考上就有了盲點。就以全球化自由貿易而論，精英集團的敵人會這樣論述：自由貿易對各國都一樣有利嗎？就以經濟現實例子來說明：二十多年來，中國以人口紅利，吸收大部分外來直接投資，躍爲世界工廠，賺盡世界的錢，但是卻以中國仍然是未開發國家爲由，管制人民幣升值，繼續以低廉勞工「吮吸」資金，不讓經濟完成一循環，到達平衡。企業爲了競爭只得外移，美國國內藍領工人受到傷害，喪失大量工作機會。獲利的中國，卻以新獲得的經濟實力，轉換成軍事武力現代化，說這個、那個是他們的「核心利益」，霾害污染大氣，還有人權，雖然那是他們家的事！

至於有錢大家一起賺，到底中下階級賺到甚麼錢？還不是大企業、大銀行、大財團和跟他們沆瀣一氣的精英集團，出賣整體美國利益？那位「強權共利共生」理論的季大博士，不是擁有公關公司，中國商務專門？而且宣稱如此這般，可以保障世界和平，那我們的子弟爲甚麼海外要流血喪命！

疲憊的、受壓迫的、逃難的，美國歡迎你，看來美國力有所不逮，心胸也不是那麼廣闊。幾十年來，美國的種族問題也夠頭痛！很多人倒想看看梅克爾總理接納百萬難民，看她有甚麼通天的本事？一部橫衝直撞的卡車，就可令她焦頭爛額！怎麼納粹時代的流行語，又再度復興！即將到來的義大利、法國大選，許多人幸災樂禍地等著看好戲。歐盟的理想行不通，全世界都不通，甚麼全球主義！

新自由主義者像是涉世不深、自傲的富裕世家子弟，相信人性可向上無限開展，就像他們自己（讀讀佛洛伊德的人性分析，看他怎麼說）；民族性可無限包容（想想往昔建都在維也納的哈潑士王朝，一個歐洲有史以來最多元，有最開明的君王，文化成就最高，最多種族共組王國的悲劇下場）。

當我們說美國新的文化、政治運動是「右派的」，常會失眞！或許用「保守主義」會比較準確。保守主義相信：人性的發展有其限度，社會的弊病永遠存在，不管你如何努力；經濟發展的空間、能量有其局限，因此全球化大經濟的格局是不可能的。假如一位中國人平均收入有如臺灣人（不要說美國人），到哪裡尋資源、找市場？GDP可以持續多少年維持在六？保守主義和種族主義是有差異的，種族主義相信某個種族有無限發展的可能。保守和進步力量的分別就在於對「有限」和「無限」認知的有所不同。顯然新自由主義者是相信「無限」的理論。不幸地，近幾十年來，美國人的經驗認識並不是如此，新自由主義會陷入困境，是可以理解的。

柯紅爲什麼會「背骨」？

2017年7月13日

在柯爺剛選上臺北市長，意氣風發，萬方矚目和期待時，有位媒體達人就對韓某說，他希望他的直覺是錯誤的，不然臺灣人民又要被這位政治新明星騙了！

韓某問他除了直覺外，他有什麼經驗上的理由？達人說：「柯爺喜歡私下自誇他去過延安多次，也喜歡問別人去過幾次？這就是很怪異而令人難以心安的對話。」達人又說，有次藉著與柯市長相同聚會的機會，特意詢問柯爺，臺北知識界傳聞他對中國共產黨黨史下過功夫，著力甚深，有機會是否可向其請益？柯爺倒是頗客氣地說：「沒有啦！只是對『四大戰役』特別感興趣！」

柯爺所說的「四大戰役」當然是指民國三十七年上下，共軍摧毀國軍，把國民黨趕到臺灣等諸戰役。最著名的當然是殲滅國民黨最嫡系、黃埔的黃百韜、邱清泉、李彌等五、六十萬部隊的淮海戰役（徐蚌會戰）。是不是柯爺只是「好讀兵書」吸取珍貴但慘痛的教訓？還是其人另有立場，仰慕前賢的豐功偉業，不自覺地流露？

這二年來慢慢地許多小國民們開始不再相信柯爺是白目、直腸子，但覺得此爺頗功於心計。例如他的雙塔鐵馬萬里行，現在有許多人會想到：他是不是學毛爺爺當年游泳橫渡長江之盛舉，製造有關自己的神話？

有個專攻人格特質、精神分析的朋友是這樣說，他以爲柯爺眞的有亞斯伯格症。其症的特徵是：取法乎上，寧貴毋賤，寧可「怪」毋寧「庸」，甚而堅持之，何況柯爺IQ 高於 157，自信非常人所及。以柯爺成長的環境而論，他的政治「取法」顯然不會是敗逃的國民黨或是《臺灣人四百年史》所能提供的，必須另有所宗。在他具 157 IQ亞斯伯格症的驅使下，他本體性的選擇（Ontological Adoption）必須是夠偉大、夠激烈，能滿足他浪漫的情懷和想像，伊怎麼能像常態的臺灣人在多方牽扯的條件下順其命而作個「小市民」？其實，他底層的心志和當年從小金門游水投共的臺籍連長，後貴爲世界銀行首席經濟學家和重要「樣板」，沒有甚麼兩樣。祖國偉大我才會跟著偉大：他首要找尋的是「偉大」！

這性格也不能完全怪柯爺。自我肯定和成長，開始總要依附某種學說、文化、歷史、宗教。韓某有一位念中國文學的朋友，他的「統」淵源流長，其來有自：他很看不起「一中各表」、「一中同表」的空洞和「俗」。他有個怪論：「我是文化上的統，政治上我爲甚麼不能投民進黨？假如政治上的獨，有助於文化上的解放和復興！」這還算是高明和頭腦清楚的「讀書人」，見解深遠。記得以前臺灣有位「怪咖」的政治哲學家，不顧重病孤弱的妻兒，在塞北、蒙古高原上徘徊遊走，找尋他哲學的「根」。許多人驚駭莫名，事後想想只不過顯示他個人的形上精神在打結，實在沒有甚麼好怪異的！

寫《臺灣人四百年史》高齡九十多的史明先生也寫了《西洋哲學序說》和《民主主義》。《民主主義》這本書比較於他的其它鉅著，算是小冊子，但非常重要。韓某的私見：看臺灣人的歷史要從歐洲啓蒙運動以來，西方主流文化對個體的尊重和解放，來開始。「勤讀聖經，個體就能和上帝溝通」，哪需要中央集權的教會、神學理論家、教會歷史、祭司？這是西方主流文化「民主主義」的精要。看臺灣人歷史就是要從小小個體，如何在「民主主義」扶育下，慢慢茁壯成「公民社會」的觀點來看！完整而堅實的個體生命，不需要任何形式的「偉大」來襯托，不管是大日本帝國或是大中華帝國！有此信念，臺灣歷史才走得下去！

柯爺所選擇的本體對臺灣人來言是個不幸。更不幸的，柯爺以他天生的才智，行其政治詐術。首先以「白流」領袖自居，然後以綠的發黑的「墨綠」，蠱惑綠營自廢武功。等到取得高位，形上的「病毒」以各種變種開始出現。一、兩年前，柯某人會說，敢說「兩岸一家親」、「夫妻床頭吵，床尾好」是「命運共同體」。顯然對岸有力人士已經摸清楚他的「形上建築」，對他已定了「性」，彼此建立某種「心照不宣、共同努力」的模式；而善良的臺灣民眾還有人相信只有此人才會打破兩岸僵局，甚至政客們也同等無知，打著各類「親中愛臺」的旗號，名目紛飛，氣象萬千，與時推移，就怕趕不上新的潮流！

柯P由「白」向「紅」邁進，「背骨」已成，稱其爲兩岸新興的紅色人物也無不可。因此小國民們應適如其分，稱其爲「柯紅」。不忌諱以此新名號稱呼，爲的是太多小國民們若一時不察，以爲流行的必然是好的，而自陷險境，必須時時互相提醒。某名嘴公開挑戰柯紅自稱的「正直和坦誠」，小國民們眞地需睜大眼睛，看看柯紅私下到底在幹些甚麼？

臺灣的新左派只能做這麼多？

2017 年 7 月 20 日

時代力量近日歡慶建黨兩週年，冠蓋雲集，該來的大多數都來了，遺憾的是少了一位主客、多了一副花藍（花到人不到），跑了一位血盟同志！

該來的包括「永遠的精神領袖」，訓勉有加！還有位火線上的戰友，殷切地忠告，開炮時，目標不分藍綠；更有位「孤家寡人」，幹了兩年的伏櫪「老驥」，仍然志在千里；最後有一位政論大家，語焉不詳，盡在不言中，要時代力量瞭解臺灣的「反動力量」來自何處，不要瞎搞！

短短兩年有此成就，席開近百桌，算是可喜可賀，何況有能耐把執政大黨，都惹毛了，視其爲腹心大患，如此成就，可圈可點！

但是以當年太陽花運動時的澎湃聲勢，巨浪滔滔，拿來作比較，時力的「成就」

又像似巨浪返退時，留在沙灘上的泡沫。有人說不無可取，總算留點甚麼；也有人說（例如那位跑路的血盟同志）咎由自取，都是那個人的英雄主義在作祟！

那麼除了時力，我們期待太陽花運動中其他數個「主體」，應該會做出點甚麼：島國前進？基進側翼？工鬥？樹黨？綠黨？社會民主黨？按了幾根指頭也按不出所以然，到底他們也幹了甚麼驚滔駭浪？

我們知道有人騎了摩托車，到烈士被槍決犧牲的車站前緬懷致意，超級 Che Guevara，可惜臺灣不是六十年代的南美洲，都市小資產階級多於農村革命分子！有人爲了二十多棵老樹請命、奮鬥，路過的人卻只關心樹旁龐然大物的鐵架子，會不會經不起「人間風雨」的侵蝕，塌了下來？有人潑冷水、丟號彈、爬刀網、撒金紙（柯總召一路好走），也算是有效的革命鬥爭手段吧！有人把自己的黨取個好大的名字，在德國政治史上，可以和「共產黨」比苗頭，應該是人多勢眾，看來更像似讀書人的政治夢幻旅程？——但是總的「行動效果」是甚麼？「統一戰線」在哪裡？反動勢力在暗處失笑，讓他們好好地窩裡反，拿刀子相砍，可以藉機在背後戳他們幾刀，好讓 2018 年「辮子軍」再度出手復辟時，沒有敵手！

這是我們期待太陽花運動結實成果的總收成！我們不是希望這是一個精神上的大海嘯嗎？把多年累積陳腐的歷史垃圾、文化古董、和所謂「百年大黨」帶走，還給我們空白的時空，讓我們圖繪屬於我們的想像，配上美麗的樂章，令我們感動不能自已，……怎麼到頭來只有個「號啕哥」挑大樑，涕泣演戲！

政治是高明的騙術！演戲是政治唯一的手段嗎？我們不是常說「政治文化」？達成政治目標，可用多種（非常多種）文化手藝！不必急著把舞臺獨占已有，我們小國民們也不必急著「買票」擠進場內，看人演獨角戲。政治沒有「秒殺」這玩意兒！如果有，該反省的是我們自己。在這點上，有些黑格爾的歷史辯證程序的思緒，倒是有些好處。

有些人論斷美國六、七十年代反戰、反文化運動沒有留下傳世之作；但是歌手的反戰樂曲，幾十年後，卻贏得文學獎章。誰說文學只是文字的描繪和論述，任何音符和象徵都包攏在內。比卡索的反西班牙內戰的傳世繪畫，是不是也該在得獎之列？條條道路通羅馬，文化手藝提供這麼多不同徒徑，要看自己有無創意發現和努力！

想到此，窗外陰霾的天空突然明亮，太陽快出來了；街角的咖啡店也滲透來陣陣誘人香氣，是不是該下樓啜口新釀，心裡可以奏鳴自己創造的反戰歌曲，讓過去已成過去，Let it be，我們有大好的前程要走！是不是該寫部小說，編個戲曲，寫下令人不自覺傳誦的詩句，能做個新左仔多麼令人期待和興奮！年輕沒有左派過，怎麼算是活過？

柯紅，誰是你的盟友？

2017年8月7日

2014年支持柯某的選民，會想像柯某會如此「撩落」，還是他的本質就是如此？現在大概沒有人再相信他代表的是當年澎湃的「白色力量」；當時義無反顧支持他的綠色民眾，大概也不會想像出此人會如此背骨和反噬！

打著「白目」和「直突」政治新鮮人的名號，實行的卻是居心叵測的大戰略，按步就班，進退自如。人稱「政治是高明的騙術」，柯某的政治作爲可以稱作是近年來令人瞠目咋舌的「傑作」。時代力量的黃主席若能學其「心學」一二，絕不會有今日被罷免的危機！

那麼，柯某既然不是「柯色白」也不是「柯墨綠」，那麼他的「本色」爲何？有人指證歷歷，稱其爲「柯紅」，實至名歸，絕不爲過——柯紅，到底是哪種紅？他的心性和努力，想學的是「親民黨」的紅，「與民爲善」的政治手法和策略，以及不自量力模仿共產黨的造神運動，這就是他所謂「進步價值」的導向。

親民黨的「紅」是「血濃於水」的紅，「兩岸一家親」的紅，「夫婦床頭吵，床尾和」的紅。親民黨較高明的「紅」，是親民黨不像國民黨，第一步就踏入活生生、具體的「一個中國」的政治討論。不管是「一中各表」、「一中同表」、「和平條約」，面對的是生硬的、具體的政治條款，類似：我該付你多少？多少年？彼此回饋機制爲何？——親民黨想打混的是他只想簽「意向書」，我可以先抽血，檢查 DNA，循序漸進，按步就班，左傾但不冒進，統當然是要統的。

柯紅在雙城論譠的言論是有所本，邯鄲學步，亦步亦趨，顯然有高人指點。臺北的政治達人們早已察覺到柯市長的「幕府」有不少親民黨人士。隨著 2018 年選舉靠近，趨勢會越來越清楚。近來親民黨元老政治人物的式微，對柯紅而言反而是個機會，他可以啓用顏色不那麼鮮明的中生代，而取其名爲「白色新生力量」，算是高明「政治騙術」，以橘亂白！

民進黨黨中央顯然還不警覺到此種新的「變局」，還在數說柯紅的言論，引發多少民進黨基層的反彈。若要民進黨合作，連任成功，忠告柯紅需要約束自身言論。看來眞的是「肉食者鄙」，不管是政府官員，或是黨官。無庸置疑地，柯紅當然明白他眞正

「血濃於水」的政治盟友是誰？眼前一時的政治需要，他當然會說「他最重要的盟友是民進黨」，誠誠懇懇，不離不棄。

但若有政治需要，他怎麼不會以「爲民喉舌」爲名、「不對的總是要有人說」，繼續炮打民進黨中央和高雄市政府：投資少，風險小，收穫多，義正辭嚴，英雄本色；又可聲東擊西，迴避市民對柯紅臺北市政府「效率」的檢視。柯市長你一上任，到底允諾臺北市民多少，完成了多少？這才是多數市民想知道你的市政府的政績！每天不要坐在市府的辦公室，眼睛沿著直直的仁愛路，看到的只是遠方那一座高聳的名樓！

在中國每個政治人物都想當皇帝，在臺灣每個都想當總統！

「兩情相悅」的判決？

2017年8月28日

補教狼師誘姦事件，檢察官以「權勢性交罪」罪證不足，予不起訴處分，此案始終沒有人提出告訴，那麼檢察官的結論就是定讞了。意指某狼師沒有藉權勢強迫性交，遑論誘姦之說。此事官方結論就是「兩情相悅」、「因愛生恨」、有人患憂鬱症，想不開，就如此這般結案了。有刑法學教授說，只要有刑法皮毛知識都知道判決結果會是如此！更有律師說，道德歸道德，法律歸法律，不要再浪費司法資源。某人還打算開記者會，志得意滿，舉國皆曰可殺，又怎麼了？——兩情相悅嘛！

小國民們，雖然刑法學知識薄弱，忿忿不平之餘，還是不信邪，不怕公理喚不回！那麼就算法律就歸法律吧！難道即使是法律面，不能再做繼續做點甚麼？

這個事件的法律結論會如此的不堪，令社會失望，證據的搜尋，有兩大敗筆。

（一）依房思琪小說的描述，應有其他受害的第三者（們）。就是沒有人願意出來指控。只要有人，某狼師就會是累犯、慣犯，少女們被騙取的愛情，即使一時是眞實，「兩情相悅」絕不能做爲判決的依據，因爲狼師一開始就處心積慮，情愛只是幌子，採花才是實情。房思琪只是日後發現原委，而不是「因愛生恨」。抄寫的情歌是不相干的證據，狼師陰暗的心思，才是調查的重點。檢方應有線索，往「第三者」們的方向努力，而不是僅限於「房思琪」！

（二）檢方努力的，有另個缺憾。舉個最機械、平板的事例，就容易明白：有個交通事故，兩造當時和解。事後多年，某方發現車禍造成腦內微血管極度緩慢的滲血，血液緩緩地融化腦細胞，令他精神受到傷害，不知如何處理異了樣的生活。這才是檢審的重點，而不是車禍當時，雙方是不是兩情相悅達成和解。以美國波斯頓某教會神職人員性侵青少年案件爲例：偵查起訴的重點，不在神職人員當時具體做了甚麼動作，而是對青少年做了這些動作後，多年後青少年如何在他們成長，和成年的人生造成甚麼樣的困難和傷害。

有多少狼師披著藝術的風華、文學的美麗，令清純對世界充滿幻想的女娃們情不自禁！藝術展覽、古典音樂會場一定是約會必要的場合。「你的美麗是世人的公產，我只是卑微地要求屬於我的那一小部分。」等到蓬門自始爲君開，讓人予求予取，多年後覺醒才知道自己付出了甚麼？

在房思琪多年後回憶的書寫中，有夠清楚的描寫：

他的東西在體內的抽送，好像把她的生命抽出來。她明白她的生命被抽空了，掏走了！房思琪不是尋常的女子：人生總有第一次，但這不是她要的第一次。隨後的日子，她瞭解因自己的無知無識，她白壁無暇的身體被個老練庸俗的採花賊污損。男人居然心中說，這個女娃真賤！被人欺負了占了便宜，居然還不知道哭泣！這是很殘酷的描寫？房思琪不能把自己悲慘的遭遇，視作一時飛入眼內的沙塵，只會是一日長短的淚水，生命的光明將會回來！就像是白潔無瑕的衣服沾了污泥，她拚命地搓，拼命地洗，污痕越擴越大……

也像是卡夫卡似的形變，一位十六、七歲的女娃，一朝醒來，變成四、五十歲的熟女。三十多年的青春生命不見了！她不能像其他的少男少女，摸索他們的情愛人生，痛苦、甜蜜、歡笑和淚水、紅色玫瑰和美酒，這是令人身心發熱的季節，summer time，發燙的沙灘、藍色的大海，那年我們剛巧相見，付出和占有，後悔和期待，誰說明天的人生不會更美？總有更好的年輕男人在等待！

這些都不再是二十歲上下的房思琪所能想像和期望的。她只能以世家才女的張愛玲、山河歲月的胡蘭成相比擬。我付出那麼多，所得也應該是豐盛富饒。很快，她發現那位「老師」與胡某相比，只是個猥瑣的贋品。她當然還不是才情的張愛玲。但是不論自我如何渺小或偉大，成功或失意，沒有人能依付他人生命的光華，取得自我的解脫。最後，她只能努力孤弱地尋找自己的靈魂，以求救贖。她只能攀爬人類受難的歷史，來說服自己的痛苦並不是那麼徹底和無望。

奧斯維茲集中營的女囚犯爲了抑制飢餓，隔著鐵絲網，用自己的身體換取獄卒乾麵包碎片，爲的是自己能多活幾天。即使那麼的幾天也不是自己能肯定擁有，誰說下次瓦斯室的「淋浴」，會是排隊偶數號向右或向左轉的，奇數號向左或向右轉的，誰能預測俄羅斯輪盤？相較之下，她還有自由，陷溺在自己的遭遇的輪迴，回憶和書寫。自己得承認這些有關自己災難、痛苦的書寫是褻瀆！她只希望靠著這類書寫，能令人間另一個房思琪脫逃野獸的吞噬！

事實上，房思琪無須在虛無、無神的存在世界掙扎。托爾斯泰《復活》中的那位世家年輕貴族，誘姦了家中僕役的女兒，若無其事地到莫斯科就學。少女懷孕了，她說不出口這是誰的種。莊園上下都認爲她行爲不檢，趕她到外頭冰冷下層的社會。幾年後，青年貴族在官僚世界扶搖直上，貴爲帝國尊榮的法官，終審一位犯了謀殺罪的婦女。審判期間他發現犯人竟然是當年他年少輕浮時誘姦的少女，他也知道他的「私生子」承受不了外頭世界的寒冷和飢餓，即使母親無私竭盡一切的照顧……審判者要面對自我良心的審判……故事如何了決？

或是契珂夫的《海鷗》戲劇中，小城鎮裡那位有天分的年輕作家，和一位青梅竹馬美麗的戀人，有一天家裡有個來自莫斯科頗有名氣的藝文界人物，少女就在藝文名師的蠱惑下，相信自己是有天分，就移情別戀，隨著名師往莫斯科戲劇界發展……幾年後，年輕作家作品受到賞識，聲名鵲起；而美麗少女在莫斯科的發展不如人意，和藝文名師的婚姻破碎，淪為小劇團中的女伶，隨著劇團在大小城鎮演出，終於回到自已故鄉。現已成名的作家面對天涯淪落的往日情人。她說她仍然相信自己的天分，這只是一時的失意，終究她會回到莫斯科成為萬人矚目的名伶！就在她再離開的次日，年輕作家舉槍自盡，因為他已看到情人最終的下場。人的命運有如自由飛翔的海鷗，受到人類毫無來由的射殺！

這世界就有這種自省負責和一往情深的高貴男人。假如現實人間難尋，為何不能在自己的文學世界裡創造出來，這是上天給房思琪寫作天賦的用意。對於慈愛的雙親、情深的丈夫（他告別悲哀的淚水是眞實的），還有那為你抱不平、痛心的同胞。房思琪不只是她的書寫，她褻瀆了上天的美意！人間有多少人具有房思琪的寫作能力？上天的恩寵只是為了挽救另一位少女不受猥瑣贗品的蠱惑而淪落？——房思琪你把自己的責任看得太輕微了！魂魄歸來兮，房思琪，魂魄歸來兮！

帝國與城邦：兩種文明的選擇

2017年10月21日

哲學家羅素說過，以他所知，政治學家沒有把「組織」與「自由」兩大矛盾、衝突的政治力量統一於一個理論系統下。

即使羅素觀察爲眞，我們會問，政治，爲甚麼要先有個統一的政治理論，處理此兩力量，而使其和平共存於同一國度呢？即使未來有幸，政治學家發現此統一理論，又如何在現實政治落實？

眞正的難題：政治的開始，常常是由歷史或文化因素所決定的，它不是「馬可夫程序」（Markov process），可只由眼前起始條件決定，而不受過去因素左右。試舉一例，中國爲甚麼是一個「帝國」？是不是秦始皇一統天下，以後三千多年，就不得不是帝國？還是劉漢「家天下」，罷黜百家獨尊儒術，設五經博士，決定整個國族的政治和文化內涵，用中央集權獨裁維持此一體制，政教合一，三千年無法改變？中國歷史證明「儒術」確是一種非常有效的統治技術，修身齊家治國平天下，再加上科舉。宋太祖告誡其子孫，趙家是和士大夫儒生階級，共有天下。

因此建構組織，中國爲政者相信：儒學是絕佳的選擇，不只是政治的維穩也是文化精神的立定。當權者相信，也是被統治的人民相信。中國傳統只有兩種階級，統治和被統治，但是相信的只有一套政治道統。

愛新覺羅靠八旗鐵騎打下中國，一方面「楊州七日」、「嘉定三屠」、「留髮不留頭」、「文字獄」等的武力和思想恐怖。另一方面治理中國，開「博學鴻詞」、編《四庫全書》、刊行《大義覺迷錄》。三百年的基業，豈止是武力的運用，靠的是建立的文化道統的權威。洪楊之亂，八旗軍根本不能打戰，靠的是漢人的「鄉勇」和「綠營」。曾、左、李剿滅「髮匪」的理由：天國「妖論」是對至聖先賢「儒統」的挑戰，滿漢的民族自覺和矛盾倒放在其次，愛新覺羅已成文化正統。有歷史學家認爲太平天國是第一次共產黨運動。第一次會失敗，是因爲文化道統的權威仍然深植人心。

民國初年南北分裂，南方軍政府，爲求統一，和共產國際合作，獨創另一意識形態，和北洋政府傳統的理念相抗衡。胡適先生認爲凡爾賽和約中，因山東問題而激發的「五四愛國運動」，是新文化運動不幸的發展。年輕人沒有耐心（國難當前）建立新文化的主體。所謂德先生、賽先生的新文化，被左派陳獨秀、李大釗等，認定馬克斯主義的經濟歷史定律就是科學（賽先生），反封建反殖民，反帝國主義的社會主義就是新民主（德先生）。

第二次太平天國（共黨革命）時，文化道統的權威完全崩潰！此時的道統被認爲是吃人的禮教、打倒孔家店成爲學人和學子治學的目標。而跨海來襲的不再是簡單化、粗俗化的基督教理論，而是具有高度知識性的主義，有國際性的組織，第二次太平軍的領導主幹也不再是落第秀才和農村盲流。這豈只是李鴻章所說三千年未有之「變局」，變局二字何嘗可以道其萬一，倒是「文明的崩潰」，可形容其一二。王國維蹈清華池而「殉節」，吳晗頗不以爲然，文化大革命時，「三家村」的吳先生被鬥，受辱淪亡前會不會感受到先前王先生的絕望？

百年前，羅素觀察到，中國的未來悲劇是會學習西方的帝國主義以對付西方。不幸的，學習的倒不是船堅炮利的西方帝國主義，而是以國際主義爲名號的新帝國主義。馬克斯主義爲體，列寧國家論爲用，穿起制服，統一思想。陳獨秀在國民黨黑獄中（這位把自己兩位親生兒的生命都奉獻給共產黨，曾經是共產黨的「家長」，最終成爲永恆叛徒的「托派」、右傾機會主義者）最終還是覺悟：資產階級的民主，才是能保護人民的眞民主。

多少極左的理論，都在共和國建立後實行，反右、三面紅旗、文化大革命。第一次太平天國，有歷史學者估算，東南沿海諸省，直接間接人民喪生者達五、六千萬人；第二次太平天國的「左派人禍」，犧牲人數依楊繼繩先生所著《墓碑》，遠超越此數，眞是民無噍類矣！

繞了一大圈，終於覺悟到還是儒術好用。蔣介石以曾國藩爲師，看來是有點道理。韓某人以前讀到西洋漢學家把共產黨當作「新儒教」，把共產黨員當作「新儒生」，覺得光怪陸離，不知所云。但讀劉少奇的《論共產黨員的修養》和國民黨右派的《四書道貫》，你能發現其中有強烈的敵我矛盾嗎？中國現在不是在談「漢唐盛世」，過去的盛世需要馬列主義或中山思想嗎？

中國政治要有所作爲，在多方災禍後，看來有人覺悟必須在儒教的遺訓中找尋。「先天下之憂而憂，後天下之樂而樂」，夠偉大和清楚了吧！四川汶川大地震，前國務院總理一到災區，面對災民的第一句話：「對不起，我來晚了！」對共黨地方幹部：「想想自身供養，都來自民脂民膏！」——這就是「儒術」，治國平天下的基本教材。但是最重要的爲甚麼有那麼多「豆腐渣工程」（還記得那所完全震毀的小學，近百名遭難的學生，哭泣的母親們？）工程爲甚麼沒人監督，而令弊端發生？是全國不准出聲、公開討論的疑問：這就是儒家所說：「民可使由之，不可使知之。」

今日如火如荼打擊貪腐是必要的，保護共產黨的純潔，沒有黨，哪有國。但它不是充分條件，有了它就可以。用一個簡單的譬喻：一個人的消化系統中，一定要有許多細菌，有好的壞的，好的細菌能分解食物提供身體所需養分和熱量，假如為了消滅壞的細菌，用強烈的抗生素，好壞不拘，廓而清之，這如何是好？

道德和經濟事務的關係極其有限。道德簡單明白，經濟事務會複雜到有時似是而非，有時似非而是。中世紀基督教世界，借人家錢拿利息，是違反神的戒律。因此有關錢財借貸、經營（資本的流通）都經由「異教徒」、「道德低劣」的猶太族來經手。借錢拿利息，豈止貪腐，簡直道德上不可聞問，只能令自甘下流的猶太人來做！假如沒有猶太人，經濟上要完成一循環，市場要有效能，需要許多不便詢問太清楚的動機，怎麼辦？中世紀歐洲在阿拉伯十進位算術還沒引進前，猶太人還要用羅馬的數字符號，如何計算利率和利息，例如：36 X 74？猶太人自創一種辛苦的列表方式，應用許多規則，強力記憶和運用的結果，有些人「腦筋」燒壞了！有一種神經官能症，只有猶太血統才發現到，尤其是居住東歐的猶太人士。

經濟循環很複雜，要有「聰明人」，知道如何用錢把經濟缺失的環節補綴起來，甚至「買通」權力階級，很不幸這就是所謂「貪腐」的開始。首先要怪的倒不是人性的貪婪。而是權力結構的封閉，權力滋生腐敗，即使八千共產黨員個個道德、廉潔有如耶穌會成員，水清如何養魚？推動經濟還是要靠北歐路德和喀爾文教會的教論：努力工作，存錢，累積資本，遵循神的意旨。利潤不是罪惡，利益會淪爲惡，潰爲貪腐，只因爲權力封閉，因爲權力可以交換利益，甚至就是利益本身。這類道理，李克強總理應該很清楚。

不管人世與自然界，量一多就會不一樣，多就會複雜，多就會難以計算。無法計算，（經濟）系統就難以理解，這是蘇聯一位大數學家的結論：這就是施行中央集權、社會主義的困難。先不說十四億人口，先談八千萬共產黨員所形成的集體（人數等於法國總人口），問問法國馬克宏總統，消滅法國政府官僚系統的貪腐，就能帶動經濟？若是沒有強勁而能持續的經濟發展，如何作強國夢？複雜的「人性」豈是「道德紀律」所能解釋清楚，充分掌控？假若人世簡單如此，「毛澤東思想」早就成功，那有功過七三開之說，那有「左傾冒險主義」之批評。

要有一開放系統，才能瞭解「人性」是甚麼？人民最終眞實的希望是甚麼？不是說要「爲人民服務」嗎？「市場」不只是自由獲利，「市場」是指自由開放流通的「信息」（information）。有信息，社會才能知道眞正的社會形勢、經濟系統中內在的需要。當然，共產黨要的是權力的專斷，封閉信息的流通，要做啥就做啥，沒人敢反對，自然有效率。眞理就在實踐中，實踐就是眞理，再強化以「克己復禮」的儒術，取得道德高度，經濟自然就會蓬勃發展，加惠人民福祉？

當李克強總理說，強化市場機能。他心裡想的，應該不只是指經濟機能，而是強化更大的政治機能，是社會自我調適的機能，甚至是文化進步的機能，這些沒有自由市場，都難以爲功。多年前，已逝芝加哥大學佛里曼教授曾爲文道，相較於蘇聯，中國的「改革開放」很可能成功，因爲有太多港澳、臺灣長年有市場經濟經驗，不受中央計劃經濟敗壞心智的工商人士，回到大陸工作、投資、創業，幫助建立制度。習主席十九大演講中也體認到海外華人的心力貢獻。

但當中國經濟實力強大，華爾街那一套金融、集資技術也學上手了，從此何去何從？觀察現今共產黨主流的意識形態動向，應該從此就是「官僚資本主義」，用共產黨官僚體系推動經濟發展，共產黨是不會放棄掌控經濟大權。這也爲甚麼黨的內部「反貪腐運動」那麼重要！但官僚主義能創造出像臉書、谷歌、亞馬遜、蘋果的事業嗎？官僚可以跟，但官僚能帶領，再創造另一波新的風潮？日本的主管經濟發展和貿易的官僚，應該是最有效和最廉潔的，但九十年代上下，如何誤導財經政策，看不清楚高科技創新流向，失落了二、三十年寶貴歲月。

中國要維穩，政治就必須集權。文化依附於政治上，無法自我開展，求新求變，找出一長遠的解決方法。天下合久必分，分久必合，二十四史經驗就這麼多，一治一亂，循環使用，也是必然的結果。秦漢世代是中國政治文明的開始也是終結。政權會「變動」，政治不會「演化」，這就是儒家文化的網紀。漢唐盛世了！接下來的疑問，盛世能維持了多久？它不是必要的客觀自然，更不是文化自由發展的必然。難道共產黨的執政永遠需要黨內兩條路線的鬥爭，永遠需要整風運動？

中國政治帝國的傳承，文化依附於政治傳承上。那麼要有新的文化期待，顯然不能接受政治帝國的體制。臺灣有些智能之士瞭解要對中國文明有新的期待，就必須在政治上接受自由民主台獨的主張，台獨不再只是臺灣人的本土運動，也是拋棄種族主義帝國的思考，尋找新文明的途徑，這是城邦新文明的選擇。自由民主的台獨，是中華文明新的瑰麗發展。燦爛文明的領域永遠會大於政治的領土，這是未來進步的政治人士應有的認識。台獨不是那麼可惡，也不是那麼可怕，台獨只是想靠著自由民主，走出新文明的一條大路！

這是新世代的台獨，不必期待中國能接受，只要中國能把其看成一平行發展和嘗試，而非「異端」，就表示中國已開始嘗試解開自己「近代史的解」。中國近代史的創傷在於文化受到重創，政治只是後續，「解放」需要求之於文化層面而非政治。共產黨統治的合法性不在於「東北義勇軍」，誰首先舉起民族主義大旗，對日抗戰，而是在於是否能夠提供新文明想像的可能性，當文明相近時，誰在乎臺海中線是不是國界？

中國目前最大的議題，有如一次世界大戰前德意志第二帝國，大國變成強國，身爲中央強權（central power），爲甚麼不能向外擴展，完成德意志民族的夢想？東進，非洲資源的掌控，柏林到巴革達鐵路的規劃（一帶一路？），遠洋海軍艦隊的建造（遼寧艦？……）海洋國家的有心人士會不會看成是第二次來臨的「黃禍」？看看英國《經濟學人》雜誌，如何看十九大和習大大？似乎只有在臺灣，受自由民主環境之賜的人們，才會思想和討論這些問題。德皇威廉的對外政策是造成第一世界大戰的原因之一（也有歷史學家認爲德國中了大英帝國的計謀）。不管如何，一次世界大戰是人類史上的大災禍，二次大戰只是一次大戰的延續而已！期待的中國人夢想，會不會是其他人群的暗夜連連？

臺生投共去！

2017年11月14日

臺生投共去！而且在「聚義廳」上亮相，號稱「錦毛貓」盧麗，實在不尋常，深受中外媒體青睞。長安城內的父老們跳腳，親臨祖祠，面禱列祖列宗，將此逆女除籍，逐出宗門。這會是將來《新水滸傳奇》小說的一段章回，且拭目以待。

但是，此姝棄明就暗，或是棄暗就明（用她的觀點），眞值得我們這麼生氣？可能只是深受臺灣小學國語課本的影響。她一定讀到，而且朗誦過，蔣總統小時候看見小魚兒在溪流中，迎著滔滔逆流，奮力向上游去，因而深受感動，立志從事革命。

我們猜想，小妮子天資聰慧，從小一定是模範生，讀到她的課文，看到小魚兒的努力，和蔣總統一樣也有同樣的感動。只不過時過境遷，要從事革命，要先加入中國共產黨，一步一腳印，往上爬，才終於感動了共產黨，贏得了重點栽培的機會。人家此心可比明月，努力不懈而獲得上級賞識，有甚麼不對？如果要說有錯，只能要怪國民黨的課本，編得如此「出神入化」，教導得如此「圓滿成功」；還是要怪我們不是生長在山明山秀、人傑地靈的地方，資質太差，只好接受外來教育的啓蒙或洗腦，如同柯大市長所相信和鼓吹的。

這件事，感觸最深的莫過於那位多年前，抱著籃球，從小金門游到對岸廈門，投共的年輕黃埔國軍連長。此君臺大輟學，投筆從戎，改念陸官（也曾經是國民黨的重點栽培）。當年「叛國」這勾當，可不比小溪流中的小魚兒面對逆流。他面對的是不可逆料的強勁海流，萬一海流不對，被迴流衝回到料羅灣上岸，豈不是陣前投敵，證據確鑿，就地槍決的命運？槍決前也不能像往日就逮的匪諜，還有個喊「共產黨萬歲」豪氣的機會，共產黨哪會知道你是他們的烈士？

太平盛世了，從此不需要再出身入死，把身家性命豁開，就可以申請個黨員幹幹，前途光芒萬丈，不少臺生何等羨慕，一窩風學習和跟進。言利而不及義，上行下效，連遠來的臺生都知道，怪不得共產黨內有嚴重貪腐問題，習主席您說是嗎？

您若是欣賞此等水平的臺生，臺灣很多，可以大量供應。您的涉臺幹部要千萬小心：這類臺生，今日可以不要臺灣，明日也可以不要中國共產黨，只要市場價格對！不是嗎？臺灣有個很偉大的「民族資本家」，曾說過一定會傳誦後世的名言，嘉惠後代子孫；他說：「商人無祖國，只有市場。」哪天，這類臺生發現他們的發展和機會有限，心存怨恨，再度「反正」，跑回臺灣，數說貴黨的不是，辜負習主席的好意，請不要生氣！

到時，臺灣的教育家們一定會向您道歉，沒有把臺生教好，反倒教出來一堆市儈。其實這都要責怪（或是稱讚）蔣介石，他把臺灣人改造成中國人，可惜是老國民黨式的中國人。相較之下，抱著藍球，一心游向社會主義祖國的「臺灣叛徒」，雖是一腔熱血、滿腦子糊塗，該算是具有共產黨員應有的「初衷」和「本心」，可眞是難能可貴的志士！此君多次想回鄉探親，卻不爲多數臺灣鄉親所接納，理由很簡單，君子成人之美，不奪人之所愛，既然半路叫爹娘，認祖歸宗，就更該百尺竿頭，繼續好好地幹。至於有右派嫌疑、心存投機的臺生們，只能算是半調子的中國人，習主席您是不是該重開「五七幹校」，好好地再調教！

柯市長您話講得不夠多！

2017年12月4日

柯市長誰說您三年來話講得太多？不要天氣轉涼了，忽然謙卑起來，夫子自嘲。還是大家見笑了，市長刻意委婉，講的是「反話」。

看來，比較接近事實倒是，柯市長對於三年來自己話多，甚爲滿意！雖然還有升等的空間。你看前一個禮拜，某前總統向市長建言，要忍耐，少說話，才能更上層樓。果然，柯市長一個禮拜來，察納雅言，惜言如金，令小國民們大爲錯愕，好像中華民國的「大總統」不見了，三軍統帥到哪裡去？

柯市長「禪定」一個禮拜後，是這樣向市民們說明，這些年來他眞不知道怎麼處理市政，話講得太多，看不慣就舉手，積三年之經驗，他終於學會如何從理論到實踐，瞭解怎樣辦理市政，服務市民，最後一年大家等著瞧，一定不會「走精」且走樣！

市長您太客氣，您令我們享受「另類市長」才會帶來的歡樂時光。臺北市政府是個新戲臺，一齣好戲，接連一齣，市民目不暇接，市長獨挑大樑，從花臉到龍套，小生到老生，耍槍弄棍的武生到苦守寒窯的花旦，戲班子一手包。而且華洋皆行。市長可扮小丑、弄臣、男巫、魔術師，……you name it！怪不得廣受著全市小朋友們的歡迎。有人透露，小學生作文課寫「我的志願」，當市長是首選——當柯市長。

何況，加上一個禮拜的潛沉，市長從此更增智慧，果然不同凡響，不但「總統復行視事」，而且立即發表「重要講話」，一例一修應該怎麼改？獵雷艦要重新怎麼造？高雄銀行董事長要怎麼當？——當然還有自己分內、重要的臺北市政要發多少個匾額給里長？請市民到關渡來看新花海，K陳金德代縣長胡扯百分之一違建，里巷內要收停車費，親身示範且請市民們多多按摩「捉龍」……（種種經國大業，罄竹難書。）

顯然，市民們對於市長的新施政很有感，每日一新，永遠有新梗，每天有打P不完的話題，符合網路文化的第一要求，怪不得網軍那麼忠心，像是秦始皇的禁軍！尤其是政治同行們，佳偶天生，如獲至寶：李前總統支持市長連任；新黨郁主席也跟進，不為人後，敵人的同志，也是他的同志。臺灣終於有位年紀稍長的馬克宏！中南海對您何止刮目相看，兩岸一家親，祖國統一要靠您了！

天龍國的新同志們，從此夜晚可以一齊到鋼琴 Bar，醇酒、媚妹和「宇宙大爆炸」，去他的紅白藍綠、勞團和資霸！柯市長您實在很偉大！大海航行需舵手，Hail to Fuehrer！

柯P：年輕世代的神偶？

2018年1月25日

每當媒體名嘴批評柯P，提到他在年輕世代的民調，居高不下時，語氣都不自覺地一頓，眼光拉直，好像看到甚麼會走動的「異象」？

不是說「天然獨」嗎？怎麼會把一位看來像是「陸配」，當作土生土長的偶像來崇拜？只因傳聞這位「陸配」多次到過陝西省延安縣，地靈人傑，在窯洞裡住過，受過革命神蹟的潛移默化。延安一通，英雄自然不同。因此，臺灣年輕的「天然獨」把他當作「神奇寶貝」，來頂禮膜拜，這有甚麼好奇怪？

臺灣不是有「教主」到醫學中心「看病」，回來就可以在法會中，爲他數千位弟子，貫氣「治病」，打通竅門，大開智慧！信徒中不乏熟女、型男、企業主、醫師和大學教授。一襲紫袍，有教無類，自行束脩以上（超跑更好），吾（教主）未嘗無誨焉！

王某不敏，以往常被此等社會現象所困惑。直到某年，有一位非常聰明的朋友告訴我一段故事，他說，當年他在紐約市最有名的大學、最有名的系念書時，有一位學長，念理論物理的，整天在他的實驗室晃來晃去，常用憐憫的聲調對他說，你幹嘛那麼辛苦研究莫氏光譜？我可以運功，把原子核內的質子、中子的相對位置調一下，你要甚麼原核振動頻率，你就有甚麼！

原來，人的氣場是可以這樣 powerful，怪不得誰都要。一運氣，連原子核內的質子、中子都要伏首聽命！太多世人是不是認爲自己的能量不足，氣場太小，沒有足夠令自己揮撒的強力空間，而人生莫大遺憾？因此想盡辦法，尋找「師傅」，貫氣，開竅，擴展屬於自己的獨特、寬大的電磁場、強交互作用場。

或許這是人的本性，無可厚非。如果人生經驗豐富、成熟的人們如此，那麼人世經驗單純，需要「自我肯定」，向前推動人生的年輕世代，更需要如此氣場。

找個神偶，投射自己，和其氣場合一，算是開展人生最容易的法門。但是這個神偶，長遠而論，是不是值得你膜拜？是不是有人正利用你的經驗單純，投你所好？政治人物常是最無成見的，而最懂得利用人們的成見，尤其是屬於年輕世代的。柯P是不是值得爲年輕世代的神偶？他有甚麼樣的中心價值？還是他的價值會因政治利益的需要，而隨時漂浮改變？年輕世代只有靠自己的觀察和深思，才能回答這個問題！

富邦臺灣大學

2018年2月3日

多年前，大同集團的老董事長林挺生，在他所開設的工學院開課，主講亞當史密斯的《國富論》。全院學生必修，人手一冊（還是原文版的），算是開創臺灣大專院校第一個「通識課程」。

如所預期，管爺接任「臺灣大學」校長，教授們、校友們、學生們倒可建議管校長成立「富邦學」講座。管校長嘉惠學子，爲士林典範，義不容辭，當起「富邦講座教授」有何不可？

事實上，「國富」和「富邦」意義相同，《國富論》就是「富邦論」，管校長若以此史密斯先生曠世傑作，當作教科書，可以不讓前賢專美於前。倒是有件事必須小心，《國富論》中，有一段落，史老先生批評，商人們聚在一起，就密謀如何操控物價。

這段落要如何處理，向學生說明，確是難題。幸運地，最近中研院某些人士，發明個理論：只要寫得很爛，就不算論文。管爺校長，到時若有學生示疑，您就可以回答，史老先生下筆春秋，還是有敗筆之處，這裡就是寫得很爛的地方，切勿在意！

商人們聚在一起，操控物價，理由當然是賺錢，make a profit！不然每年花千萬元找爺們當「獨董」，幹甚麼？事情可能還不止如此，怪都要怪當年日本教育人士，設立帝國大學時，想得太遠。臺北帝大就據有太多、太大地產、田產、林產；不是座落都市計劃中的蛋黃區，就是具有山河之美、林園之勝的地方，怎麼不會令手中有大把金鈔的「發展資本家」心跳！

自家人當政甚麼都好談。產業、大學互相合作，金流回饋機制，以學術之名引導官方政策，當然要對資本家有利。學院裡總有些難纏、爲「生民立命」自詡的知識分子；只要把徐州路法學院移到「校總區」，社會科學家和法律學者們的研究室放大數倍，心曠神怡，有些事自然可以先吞一口氣！談到「校總區」這個約定俗成的名字，很快就可變成「富邦校區」，只要大老闆再努力一下。

大老闆可以努力的很多，例如，在廣大校區大幅興建公寓聚落，平價的提供給莘莘學子或當社會住宅，另外許多奢華的公寓就賣給「有力人士」（爲求政治正確，只賣九十年地上權）。聚落中當然要有娛樂中心、商場、電影院、餐廳和星級豪華旅館。大學可以不花吹灰之力，就可坐收租金、權利金、回饋金。學校有錢好辦學，學生們應不會和有錢的爹娘對幹！

大老闆也可在校園裡創立觀光飯店的「管理學院」，大興土木，並在校產的林地、田產上廣建度假村、民宿、大飯店，讓學生有見習的實務機會，令臺灣旅遊產業現代化，更上層樓。當然校園裡會令「臺大人」懷舊的遺物要作處理。傅鐘就不用再敲了，就建個鐘樓，把傅鐘供在裡頭，當作一級歷史古蹟，文學院裡是最好鐘樓擺放的場所。

在管爺校長新的領導下，大學「新自治」，教育部的官爺們也可寬心不少。反正「哀家們」玻璃心、滷肉腳，鬥也鬥不過人家的惡形惡狀，何況集團軍作戰。西諺，鬥不過人家，就和人家合作，也當起爺們起來，識時務爲俊傑，不是很好嗎？想想看，若是臺大「走資派」當家，生財有道，自給自足，不再每年向教育部伸手要數百億民脂民膏，而且教育部可以收取租金、權利金、回饋金，補助從北到南那麼多呦呦待哺的國立大學、院校，不是公私兩宜？有朝一日，「國立臺灣大學」改制爲「富邦臺灣大學」，萬民一定按讚，管爺校長閣下，您就好自爲之吧！

不需要皇帝的中國？

2018年2月28日

沒有皇帝怎麼治理中國？這是百年前袁世凱稱帝時，法國輿論界曾熱鬥爭論過的議題。

從法國大革命、拿破崙稱帝以降，十九世紀法國就在「共和派」、「帝制派」幾乎是你興我亡的政治鬥爭中活過來的，所以請不要太譏笑「袁大頭」，自由、平等、博愛的法蘭西人也好不到哪裡。

百年前，蔡松坡將軍雲南起義，反對袁氏稱帝，檄文〈爲國人爭人格〉，震古鑠今。蔡將軍說得對極了！但有個歷史疑義需要澄清：是不是中國人沒有適合「共和國」的政治人格，所以需要培育，要爭，不能讓袁氏胡搞？

不只中國人擁有適合「共和國」的政治人格有疑問，而且更有天生「反共和國」、擁護帝制的習性，因爲很多中國人心中暗地裡都想當皇帝。記得本網站曾刊登過一篇至文：〈中國人爲甚麼喜歡當皇帝？〉這是大陸某歷史學家寫的，絕對值得再三拜讀。另外一篇〈中國人三年不喊萬歲，不知如何是對！〉，講的是柔順、循規蹈矩的中國人，自己不敢夢想當皇帝，但要是沒有個皇帝讓他去崇拜，他就不知道怎樣過日子！中國沒有皇帝或類似皇帝的政治文化是異常的，中國哪不需要皇帝？

所以有人要在《共和國憲法》中，國家主席任期上加上「皇帝條款」，實在沒有甚麼好吃驚的，這是中國文化和歷史條件使然。只是想當皇帝者，可要堅忍其心志，不能隨意生氣，氣急攻心，壯志未酬，只有像袁大頭「駕崩」的份，那可就要誤國了！

想想百年中國現代史，實質上當過皇帝的倒是有幾位。有一位還自稱比秦始皇、漢武帝更「偉大」。就以我們臺灣最熟悉的那位而言，鄉先輩曾說，在他們那個時代在電影院看電影，買票不但要向婦聯會繳交所謂「勞軍捐」，向婦聯會「割地賠款」，然後開映前，大家都要起立站好，聆聽注目國歌影片，片中「最高領袖」一身戎裝，慈祥地看著大家，矢勤矢勇，以進大同。——全國「子民」如何不懷念！到現在我們還以傳統「皇帝」陵寢規格的建築，緬懷領袖恩澤——實在不好批評人家只是添加上「皇帝條款」，就口誅筆伐，深惡痛絕！

萬一不幸，有人一當上皇帝，就想到乾隆皇帝的十全武功，以收復臺灣爲職志，對外征戰，輸出內部矛盾，倒是值得我們戒愼戒懼，以防不測。若是爲了弭平內部矛盾，而對外輕啓戰端，可見內部矛盾之尖銳、難解，靠著有個「皇帝」，拍板定案，就能萬眾一心？還是「皇帝」諸政敵們的狼子野心，居心叵測，唆使皇帝步入險境？還記得苻堅的淝水之戰，鼓動他南侵的都是他貌似忠心的政敵，等著看「皇帝」怎麼撩起滔天巨浪，淹沒自己！

只有我，有能力出賣臺灣！

2018年4月30日

前天辜老說，敢出賣臺灣只有柯P！柯大官人立即更正應該是說，我有這能力，我的能量太大，大好大壞！

原來是柯大官爺的能量太大，所以可以事事不在乎，反正臺灣人民的資質不高，好歹不分。柯P若當家，柯總統說了算，當然有能力出賣臺灣！中南海眞地慧眼識英雄，早就發現這位有潛力當特首的大物！

那麼「大好大壞」如何解讀呢？這要看你是「柯黑」或「柯粉」而定。

假如您是柯黑，「大好」是今年柯P兵敗如山倒，王世堅議員也不必再剃髮（留髮不留頭），或再跳海以明志；「大壞」是柯P過關斬將，萬夫莫敵，勝利慶祝會上，立即宣佈參選總統，證明我有能量席捲和出賣臺灣，不然你要我怎麼樣？

反過來，假如您是柯粉，「大好」是柯P大獲全勝，不管蔡英文禮讓與否；民進黨內外，排山倒海地要求蔡英文負責，蔡英文永遠會是輸家。因爲，臺灣這塊寶地上，想當總統的人士太多，蔡英文有力的潛在敵人不少。「大壞」是指民進黨即使暗助，黨籍無人參選，柯P卻敗選，國民黨拾漁翁之利。民進黨內外更是「爆膛」，蔡英文居然存活下來。柯P憤而宣佈參選 2020 年總統，恩將仇報。你知道要侮辱臺大醫科畢業生，就是讓他失敗，何況 IQ 157，從來不作第二人之想的柯P。

許多人好奇，辜老爲何要引爆這個話題？當然不是愛護那位穿裙子，想造潛水艇的三軍統帥。他放不下心的是他費心精選的「神物」，居然如此不聽話。叫他隱匿磨劍，2020 年才出鞘，一擊便中，大位有如探囊取物，卻中了那婦道人家的陽謀，幹甚麼「雙首長」，蹚這混水，騎虎難下。眼睜睜地看那能量太大、膽量不小的「白相人」，顧盼自雄，洋洋得意，大位非我莫屬，眞氣煞老夫也！

說來說去，都要怪蔡英文自己惹的禍，說甚麼政治領袖要有高度，有所爲，有所不爲。只願當「共主」，不願有「嫡系」。君子群而不黨，小人黨而不群。所找的幕僚也是賢良方正，吾日三省吾身之輩，看不出有甚麼能轉折承合，頭角崢嶸，敢抵火牛陣的人物。這如何能貫穿上下意志，一體同心？結果事事直衝蔡英文，誰說有事弟子服其勞？她缺的是虎賁勇士，打第一線、善類的「涼山部隊」，事事自己背鍋，不管有沒有道理，民調怎麼會好？

試舉個例：不久以前，「柯大能量」，不知好歹，譏評某南部大老，只會花錢辦事，不像他克勤克儉地還債。柯大人自以為取法乎上，「擒賊先擒王」，深藍徒眾一定對他刮目相看。可惜，這下可捅了虎頭蜂窩，群蜂湧出護主，毒針猛攻，「柯大能量」不敵，落荒而逃，從此噤口。嫡系之用大矣！此之謂政治的現實面。

蔡英文的信仰和行事風格所受到的批評，某些政治達人倒是公允地說，評語只說對部分。假如習大大、川普、安倍等，在各不相讓、凶險的國際局勢中，不想臺海情勢節外生枝，驚濤駭浪，在臺灣要找個冷靜、穩定、信得過的「頭人」，總不會去找「那個台獨」、「這個特首」、「喜樂島島主」或是「立正聽訓派」？這是臺海各方面很難得的共識。不要以為對岸軍演、遼寧航母、轟字號軍機不時出現，蔡英文麻煩可大了！追根究柢，有達人相信，只是警告臺灣不要和美日走得太近，形成準軍事同盟，破壞平衡（也就是現狀），誰都沒有好處！

事實上，有能力出賣臺灣倒也不需要太大能量，要靠膽量大不大！您看看壯士只需八百，膽量夠大，也可把臺灣搞得天翻地覆，要是八千，那還得了！「柯大能量」似乎頗有同感，英雄所見略同，當然樂於繼續讓出路權，讓先輩們猛唱革命進行曲，操兵演練，從都市遊擊戰中，吸取經驗。到時國事更形糜爛，全國只剩「柯大能量」，一言而定天下，要不要出賣臺灣？就要看「柯大能量」一時之間，心頭上是大好或是大壞了！

柯文哲的破殼小雞們

2018年6月27日

臺北的政治評論界一直有個頗爲尷尬的困擾：不管柯市長說了甚麼渾話、傻話、謊話，假裝受人暗算而哽咽落淚，以及不幸被人抓包、幕僚精心設計的「野放」——他在年輕世代的民調，永遠高高在上。據一位「台獨大師」的獨得之祕，柯市長的民調有正值外溢效果，全面橫掃臺灣。

這個迷團，柯市長終於夫子自道，給予解釋。他說，年輕世代有如剛「破殼」的小雞，混沌天眞，要先下手爲強，給予銘印（Imprint）。從此小雞們就會以伊爲師，感念師傅，亦步亦趨，不管日後師傅說錯了甚麼話，做錯甚麼事，他們都會瞭解，都會原諒，天下哪有不是的師傅！

柯市長所言甚是，不愧爲臺大醫學系的畢業生，學有所本，「動物行爲」應該是其本業之一。他熟知動物（包括人類）中樞神經系統的發展有一定的年限，某些動物神經系統發展可以短至只有三個月。有位動物學教授就有過如下的實驗：從「破殼」開始，他就養了某品種的鶴（中樞神經成長期正是三個月）；在那期間，除了他，不讓那頭鶴接觸外界；小鶴一開眼，看到的只是他，學習生活也靠他。三個月後，小鶴從此相信他和這位動物學教授是同類，一生不變。小鶴會從池塘中挾住小魚，想餵食牠的同類，示好，……。三個月發展期的小鶴如此，那麼小雞呢？是不是已經被柯教授所印鑄？

小雞們剛一破殼，眼光還是迷離，不清楚，看到的只是幻景：白色力量的柯Ｐ，白袍的柯Ｐ，行事公開透明的柯Ｐ，野放的柯Ｐ，超越藍綠的柯Ｐ，敢叫人「王八蛋」的柯Ｐ，流汗不流淚的柯Ｐ，不是太后或太子的柯Ｐ，用「爛服務」來控制市場流量的柯Ｐ；慢慢走，一定要當上「白裡透紅」總統的柯Ｐ這種無所不曉，無所不用其極，有通天本事，有綜藝才能的「政治妙禪法師」——他不是師傅，誰才會是師傅？

柯教授好像是小雞們另類的「初戀」對象。初戀未必是終生最好的選擇。人間有許多英雄可以作爲崇拜偶像。但英雄之爲英雄，是因爲你可從他們身上學到甚麼，因而你能藉此成就你自己。重要的是你自己，能否掌握你自己的內在思緒，而不是虛榮的山寨版小英雄。學會一套防身本領，建立自我，不能輕易被人收編爲義勇軍：這是小雞是否能長大、演化，還是一生繼續爲小雞，或是有幸成爲大物的眞正的關鍵。

英雄是不期待他人跟他一樣；只有梟雄才會銘印他人，爲其所用，在他的眼中，你永遠只應該是小雞。其間差異應不難分辨。

柯文哲的丟鞋風波

2018年6月29日

柯文哲被丟鞋了！只見柯爺縮頭閃過，臉色鐵青，不發一語。顯然，柯爺不是很高興，是不是丟的是拖鞋？不是皮鞋？而且不是十號大的，不符合總統的「格局」？

這都要怪小布希總統訪問巴格達時，立下的「典範」：人家伊拉克的新聞記者也知道要對「總統」丟鞋，一定要找最大號的，而且皮質要對，貨眞價實，才符合對總統的「禮數」。怪不得小布希總統被丟鞋後，頗爲得意，直呼：「It's size 10!」（十號大的）。顯然要向總統丟鞋一定要大號的，才會令「受禮者」滿意。

當然柯爺還不是總統，還輪不到十號的待遇。但人家志大言大，從不隱藏他立志當總統的雄心大志。要是臺灣大小國民有時忘了他的立志，要他先把首都市長的工作做好，他就會嘀嘀咕咕地埋怨某人是太后，某人是太子，不要忘了他不是想當市長的？要不然就倡言：「沒有幾兩力，就想說三道四，會被別人家笑的。」顯然說三道四的人，還沒準備好，只有他才準備好，堪當大任！

以後若有各路人馬、英雄好漢要向柯爺丟鞋，可要多花點心血，十號鞋子太大，不合乎國際禮儀，因爲柯爺還不是總統。爲了鼓勵柯爺上進之心，九號或九號半算是合理的選擇。臺灣國的志士們，多一點「國際觀」，選對鞋子好嗎？

中共只剩下民族主義可以操控？

2018年7月7日

七月十六日川普和普丁總統預定在芬蘭的赫爾辛基見面，美俄高峰會，這是件國際強權政治的大事。

川普能擺脫國內「通俄門」的糾纏，顯然他付出的「代價」（美國大使館移往耶路撒冷，以及取消美、歐、伊朗三方的核武條約），令東北角猶太族裔控制的自由派媒體滿意，不再以「通俄門」爲題，窮追猛打，令其「聯俄圍中」的策略難以施展。

「雙普高峰會」中，川普總統主要想談的是「中國」。這是中美間「貿易戰爭」另一戰線的開啓。假使「聯俄」難以如川普所願，至少美國期待俄羅斯不要成爲中國的「戰略縱深」。普丁總統究竟能讓川普「圍中」政策滿意多少，就看川普能「調和」與「妥協」多少？

普丁總統想知道的是美國對兩大「地緣政治」區塊的態度：東烏克蘭到克里米亞半島以及中東地區。兩大地緣區塊中間隔著伊朗和土耳其。政治聯盟的移動，兩大區塊可連成一大塊，對國際強權政治的影響會非常嚴重。這也爲甚麼伊朗和土耳其勤打俄羅斯牌的原因。

近年來，中東地區對美國不再那麼「生死攸關」，因爲美國已經「能源獨立」，不需再依賴中東石油。強權外交的迴旋空間，大了很多，中東不必要是美國首要考量。這也是爲甚麼沙烏地阿拉伯國王的千人代表團首次訪問俄羅斯，是歷史性的一刻。因此，美國在此地區會慢慢地緩和，我國可能可以恢復部分蘇聯時代的權益和影響力。

比較困難的是東烏克蘭的問題。因爲牽扯的歐盟和北約的軍事建構。德國梅克爾首相說：「歐洲人的命運在歐洲人手中。」她不必談那麼大歷史命運問題，簡單的「難民政策」就令梅克爾政權搖搖欲墜。怪不得川普總統犬儒式地鼓勵法國脫離歐盟，更宣言要減少駐德美軍的花費。難道要美軍更向前推進到波蘭，令普丁總統不安，而且喪失軍事上的「戰略縱深」？高峰會中，我們可能可以觀察到俄羅斯到底會認爲黑海、波羅地海重要，還是太平洋？俄國應爲歐洲強權還是亞洲強權？俄羅斯民族應向西、向南，還是向東、向西伯利亞？策略上一定會有孰輕孰重，捨輕就重的選擇。

假如雙普能有共識，各取所需。美國對中國「合圍」之勢已成。北朝鮮預期地會以「兩韓統一」爲名，透過南韓總統文在寅爲「白手套」，實行「傾美」（不是「親美」）路線。中共建國以來所犯的另個錯誤是以「仇恨日本」，激昂「民族主義」。毛周時代還有對日本緩和的時刻和考慮，周恩來應該可算是中共的「知日派」。日本自民黨也有強大的親中力量，田中角榮首相就是個例子。日中首相的「洛克希德」購機收取回扣案，案情複雜，其間有沒有來自國外的陰謀？中國「仇恨日本」教育的政治後果，是加強版的「安保條約」以及日本變相的修憲。李克強、王毅匆匆忙忙地造訪日本，是靈光一閃，還是或有覺悟？

合圍之勢若成，美國繼續「貿易戰爭」，中國的經濟夠大和夠複雜，崩潰是不太可能，也不是美國的目的，因爲對誰都沒有好處。中國經濟的停滯（stagnation）是非常有可能，不管理由是出自外債過高，外銷市場不再，外銷工業轉化成內需的困難，因爲需要的是民營工業的靈活，而非國企的剛性。中共能放和敢放經濟的掌控權？經濟的停滯，不會造成政治的不穩？

中共或許只剩下「民族主義」可以操控。不幸地，民族主義只能解決部分的政治問題，不是經濟，更不是全盤的經濟新路線。中國對臺灣機繞船巡、「剃光頭」的恐嚇和不時的語言霸凌，臺灣內部「同路人」的喧囂附和，更顯得中共「隆中對策」，錦囊羞澀。說眞地，眼前的臺灣絕不是中共的「燃眉之急」，更不是「腹心之患」。圍魏救趙？或許只會讓預期穿民服、守衛臺北 AIT 的陸戰隊員，換成軍裝。

文化與政治

2018年7月13日

前一陣子，一位台派教授退休。他回憶說，退休前幾十年都在爲臺灣政治的清朗和進步而努力。如今退休了，他更要深思熟慮「文化」問題。沒有文化上的專注和創發，政治會變成政客們播撒的沙灰，絕不會躍昇成「範疇性」的本體，爲國民立個思想信仰和行爲的準則：臺灣文化的個體性（individuality）比政治的個體化，長遠而言，更爲重要。

大哉斯言耶！教授切實有感而發，瞭解政治的基本在哪裡，臺灣是沒有自主文化的。我們有的是殖民強權強加於我們心上的。不管是好是壞？受到啓迪或是受到污染？都不是自主生命的產物。多少年來，我們不是都在強調文學的鄉土性和我們母語的獨特性，幾十年過去了，是不是該可以檢視和思索我們到底成就了甚麼？

我們倒可以看看過去有民族在殖民統治下，文化努力的案例：愛爾蘭十九世紀第二次馬鈴薯疫病，農村大鬧飢荒，百萬人活活地，凌遲式地被餓死。身強體壯和年輕幼童，有幸蹈海求生，移民至另一國度（愛爾蘭人稱大西洋是他們的「淚水之海」）。在故土殘存的父老，精神意志遭受空前摧殘，只得向英格蘭統治者的文化和體系屈從，教導後輩學習英文爲其改變命運的法門，倫敦的社會和文化是他們的原鄉。往倫敦移民有名的如蕭伯納。幸運地，愛爾蘭聰慧的年輕人也發現他們也可移往歐陸的巴黎，如葉慈、貝考特、喬愛思。他們不必向殖民的帝國屈從，甚至更可用其創發力改造殖民者的語言，形成另一文學傳統。沒有人會認爲愛爾蘭文學是英國文學的另一旁支，因爲生命追求的取向和理想的內涵不同，甚至語言的形塑和運用也截然不同。英國作家寫不出喬愛思的《尤里西斯》，因爲敘述的是愛爾蘭社會，自我的迷惘、混濁和期待。一種文學傳統和藝術本體的重建，形成自我的本體，文化的形上世界，而不只是反殖民、左翼政治立場的宣告。

這當然不是一朝一夕，而且是歷經百年的努力。有人說具有民族文化的現代國家，至少需要有百年的孤寂和沉歛。而臺灣從來沒有個安定的百年，永遠是「四戰之國」、「前線國家」，永遠有個「內侵」（intrusive）勢力，攪亂你的思維。即使你談「鄉土」，有沒有想過，所謂「鄉土」的本質，早就被同化掉，一個同化接著另個的同化。

我的曾祖父最喜歡啓迪小時候的我，宣稱他的「偉大領袖」，第一位是「光緒皇帝」、第二位是「大正天皇」，再下來則因爲某種原因，語焉不詳……，韓某的另一半倒是把曾祖父的下一位，接上了。她說她小時候，以爲「總統」就等於「蔣總統」，她常問人家，美國的「蔣總統」是誰？直到她留美，才慢慢找到答案。

那麼我們是誰？我們的母親名叫「臺灣」，這只是辯士們的輕便之說（sophistry）。我們要問的是母親血液中流的是何種原資？如何使她更爲發華滋榮？創天地未有之新奇？或許「尋找」不應是主題，「創造」才是努力的方向。神奇的意象，不必來自雄武帝國紀律的、令人不得不畏懼的兵馬俑軍團，來爲我們文化意識的殿堂。且看葉慈恬淡感人、充滿生命意念的小詩〈Innisfree 湖中小島〉：

I will arise and go now, and go to Innisfree,
And a small cabin build there, of clay and wattles made:
Nine bean-rows will I have there, a hive for the honey-bee,
And live alone in the bee-loud glade.
And I shall have some peace there, for peace comes dropping slow,
Dropping from the veil of the morning to where the the cricket sings;
There midnight's all a glimmer, and noon a purple glow,

And evening full of the linnet’ wings.

I will arise and go now, for always night and day…

沒有自我文化傳統的政治，不會源流澎湃，也不會細水長流，容易被同化和撲滅。波羅地海三小國，蒙受蘇聯七、八十年的極權統治，國內三分之一人口，均爲蘇聯紅軍及其眷屬。人民精神信仰，經多年任意的摧折，卻不爲共產帝國所同化。靠的是甚麼?靠的只是羅馬天主教的信仰，還是另有其它文化上的私祕？

臺灣海賊

2018年8月20日

認識他是在公司內工作進度報告會；剛報告完下了臺，就感覺臺下臉面毫無表情，二、三十位聽眾中有位似乎對我笑笑。中場休息時，那人上前遞出名片，自我介紹：「Allen陳，請多指教！」

他來自另個division。雖然他的工作和我當時做的有些關連，他卻說：「我對你的presentation興趣不大，我倒是注意到你說英文的臺灣腔。」他笑笑地說：「終於找到一位鄉親。」

Allen小學還沒畢業，就隨著父母移民到這個國度，可算是transplant的小蕃薯。從此，幾度業務上的接觸，彼此開始熟稔起來。「我是臺南人，在臺灣，父親因公移居北部，我就轉到很不一樣的小學，叫作什麼『國語實小』就讀。」「我的臺南腔常被同學取笑，他們還爲我取個綽號，叫作『臺灣海賊』！」

「事實上，我很得意我這個稱號。」「哇！海賊！海賊！我就跟你們不一樣！」

「那個年代正流行航海海盜片：《金銀島》、《大白鯨》、《叛艦喋血記》，每部我都看得津津有味！最令我興奮的是海盜船裝作商船，靠近目標、擺正，在對方還未發覺前，炮門落下，火炮點火齊發，兩船一接觸，海盜們腰插火熗，手拿彎刀，擺盪纜索，跳入敵船甲板——啊！野性的呼聲！海洋的呼喚！」

「最令我佩服的是，一群海盜，在公海行劫，官船追捕甚急，就突襲孤島燈塔，轉換塔燈指示方向，令不幸路過海域的商船觸礁，海盜們就從小島分乘小船，奇襲上船。God bless，海盜竟會如此聰明！還有一位海盜『博士』，發明了人類有史以來第一艘潛水艦，它的背脊是長長尖銳的鋼鐵刀刃，只要潛水接近獵物，潛水艦從底腹部劃過，就是『海難』，眞是天才！」

既然被叫作「臺灣海賊」，他從此對歷史書上所說的明朝中葉，騷擾東南海岸的海賊，也就是所謂的「倭寇」感到興趣。他告訴我，原來是豐臣秀吉兩次侵韓不力，散兵游勇，蹈海爲生，結合琉球居民、葡萄牙、西班牙的海上浪人，加上臺灣島上住民所組成國際兵團。他說有一部海盜片，港星周潤發在片中當一位海盜船船長，縱橫麻六甲海峽一帶海域，手下一批白臉孔、黑臉孔、黃臉孔的海盜，確實是當時航海時代的寫照，不知道他們用甚麼語言溝通，反正命運相同，一定發展出共同語言。我們只知道北歐海盜，Viking，對歐洲歷史的衝擊，甚至在征服的土地，建立自己的小王朝，不知道東亞 Viking 有同樣的盛舉，尤其是島嶼眾多、海洋遼闊的印度尼西亞。

「因爲對海洋著迷，大學快畢業時，海軍部招募軍官，我就從軍了。」「受階後，大概我懂中文，大學裡也修點日文，就派我到第七艦隊。我們的巡防區從鄂赫次克海、日本海、東海、臺灣海峽、南海，回航到日本橫須賀海軍基地。那個年代，沒有人敢挑戰美國海軍，我們也知道，日子過的好 boring！除了遇到蘇聯遠東海軍的潛艇，Show time，可以大玩貓抓老鼠的遊戲！」

「要是艦隊晚上路過臺灣海峽，我們十幾艘艦艇，都是點燈火通明，大喇喇地走；忽然東邊黑暗的角落，有人向我們打著燈號，第一次看到，還眞嚇了一跳！老同事說，臺灣海軍到金門馬祖的補給船隊，可憐的傢伙，一出海就進入戰備，燈火管制，他們不得不認眞！」

「服役五年時，長時間航行，無聊的時候，我們做甚麼打發？你猜？……」

「打麻將！哈哈！一位從紐約來的猶太裔的軍官同事，有一天問我會不會打麻將，我說當然會，問題是牌呢？這下換他哈哈大笑！牌？你要看牌嗎？他就把他的 144 張 show 給我看。」

「這可是紐約市原版的。和你們的牌面一樣，加上英文小註記：『一萬』ten thousand，『筒』column，『東風』east wind，我從小就會打牌。」「牌友呢？」我問。「魚雷室的佐藤，奧列岡州來的，他會打。現在只缺一位了？」幸運地，那一位很快就上船來到，他來自舊金山華埠。「從此，第七艦隊有了洗牌聲，算是人類文明的到來！」那位猶太佬笑著說。

跟他相處、有趣的日子不算太長，公司營運出了從未有過的問題，遭殃的是低層的工程師和勞工。爲了覓食，只得四處奔波，受盡白眼，午夜夢回，多少了解爲了生存，人會有鋌而走險，不得不之舉，如落海當起「海賊」，是不是浪漫情懷的「臺灣海賊」所能領略？

再次找到事，「生存戰爭」暫時結束，就像海嘯退卻，我的臺灣海賊，看來能躲過此次滔天巨浪，仍然縱橫四海？二、三年後，終於在灣區華文報紙，報導 Allen 陳，贏得灣區麻將大賽冠軍，將代表華人社團，前往中國上海，參加世界大賽。

「哈囉，Allen？」

「……請問是誰？」

「我是臺灣海賊的朋友，你忘了？」

「……臺灣海賊？……啊！原來是你！這幾年躲到哪裡？」

「四海爲家，當臺灣海賊去了！」

「少來！這幾年，應該還好吧？」

「還好，託您的福！我是打來向灣區麻將冠軍道賀！哪時候到中國上海參加世界冠軍賽？」

「哈哈！此次運氣好！下次強敵圍繞……」他話匣一開，就難以停止，一個接一個的麻將經，我瞭解他的興奮和快樂，不插嘴，若無其事地聽著，……

告別後，我走到海灣旁的步道，世界帆船大賽正在舊金山灣進行，各式各樣的帆船和來自世界各國的好手，爭強鬥豔。眞希望「臺灣海賊」跟他們一樣乘風破浪，冒險犯難，聽那野性的呼聲，思想起海洋的呼喚，我的臺灣 Viking，有幸名列勝利的英雄榜，而不是困溺在144張牌所築成的方城中，沒有海洋和季風，指航的北極星座，無光害的銀河世界，好像夜航遼闊海洋的遠處，將和更遼闊、無限個燦爛星星的銀河相連：海上的遼闊卻演變爲上海的方桌，臺灣海賊自願圍困在自己所排列和堆砌的圍城內，生命只在那麼大的空間裡奔馳！

他支持台獨，但討厭搞台獨的那批人！

2018年9月2日

前晚某政論節目中，某政論家、名嘴說：「他支持台獨，但討厭現在搞台獨的這批人！」

事情的起因是節目主持人，大概又是引用「民調幫」的民調，提起蔡英文未當總統前，支持台獨的比例是百分之五十一，就任兩年後，支持台獨只剩下百分之三十多，好像是這位「台獨」總統，如依對岸的觀點，令台獨運動受到重創！此位名政論家倒有不同的看法：「不能只歸罪於蔡英文，以他自己爲例，他支持台獨，但非常討厭現在搞台獨的那批人！」大哉斯言耶！好久沒聽到如此眞心、痛快話，名政論家宣洩了許多人積鬱很久的怒火，不要老以爲高舉「台獨」正義大旗，不是同志就是敵人，就可以唯所欲爲！就以那位主持人而論，前次訪美之行，臺僑聚會，一路罵蔡總統到底，從西岸到東岸，再回到西岸，連以「台獨良心」爲主幹的老臺僑們，都看不下去！

二十多年前從「兩國論」開始，有誰像蔡總統是那麼堅持、低調、以臺灣爲主體，不改平生志的政治人物？台獨運動會逐漸被人看輕，這些信口雌黃，自以爲是的「喜樂人士」，佐以居心叵測的「民調幫」，要負相當大的責任！

當晚，名政論家又提到另一更重要關鍵要點，直指搞台獨的人士，老生常談，沒有新的策略和想法，只想以老貨清倉，吸引新世代的眼光。怪不得「天然獨」都跑去「綜藝咖」，當起「剛破殼的小雞」們，是不是那些「正人君子」們該反躬自省？以近幾日蔡總統爲迅速多點勘災，搭乘水陸兩用「雲豹車」，所受到藍營惡性的攻擊，再看看這批搞台獨的，就以那位主持人爲例，是不是也像在「唱和」？許多人不得不懷疑誰才是他們心中的「首要敵人」？

難道要學陳家父子，才是台獨的隆中對策、萬世法？不要臺灣幾十年來難得的機緣，又被人胡搞掉，「郭彭配」又淪爲新世代的「麻煩製造者」？

許多人都知道，水要加熱到 100 度C，才會「相變化」，變成水蒸氣。即使熱到99度C，誰也看不出即將到來的「變局」；是不是85度C未到，就要鑼鼓喧嘩，煙火衝天，惟恐天下人不知？許多人對國際局勢的判斷不同，有志搞台獨的「仁人志士」

們，眞要深謀遠慮，城府要深。隱性台獨，比暴露狂、喜歡亮傢伙者重要，也較能成事。毫無動靜到99度C，一息一頓之間，就是無可回復的「相變化」：歷史的變局是這樣發生的，柏林圍牆爲甚麼要到那時那刻，一推便倒？

四大老與本土政權

2019年1月7日

最近四大老的政治建言裡，開宗明義地說：「我們面對嚴峻和危險時刻，不寫，不僅有愧臺灣人／臺灣公民／綠色價值支持者的立場和身分，於如此岌岌可危之情勢，我們也不容再沉默，再沉默、再坐視下去。」

臺灣大小國民們大受感動，震憾人心，四大老就是本土政權的精神化身。蔡政府脫離四大老的精神價值，而施行的政策，執政人物的任用和選擇，如此不堪！2020年綠營一定會有人起而爭鋒，令綠營分裂，令本土政權崩潰。

事實上，會不會如此？親綠的大小國民們倒未必如此宿命，相信四大老的鐵嘴論斷。只要完全依照四大老，完全聽話，就可永保本土政權，萬年執政？

某一大老說：「和蔡英文相會，九合一選舉的挫敗，她只是在找理由，可見她從不反省，死不悔改！」似乎韓流的洶湧都是蔡英文的過錯。四大老宣言，臺灣人民不欠蔡英文分毫，百分之百是她辜負了臺灣人民的付託。假若不認錯，主動退選，退居二線，令行政院長完全主政。不然，綠營會有人起而爭鋒，屆時四大老必然支持另一組人競選，綠營會不會分裂？會。蔡氏會不會落選，會。本土政權崩潰，不聽話當然要負全部責任，當然不是起而爭鋒的集團和支持他們的四大老，要負絲毫責任。蔡氏除了要退選總統外，也要把行政院長的任命放空，由他們所提出的條件來決定。

四大老是這樣說的：「(我們)不能徒託空言，我們也願意提出閣揆人選的條件，既然賴閣非總辭不可，我們認爲最好人選，必須有理念、有能力、有行政經驗，而且有成績可以爲人稱道，更重要的是完全沒有獵取大位的野心，從而可以抖落包袱，勇往直前。」

提出人選條件很容易，請問四大老合於你們條件的實物「絕品」，身在何處？既然賴閣非總辭不可，賴院長不算，那麼蘇前院長算不算人選？這次大選，韓某有位深綠朋友的孩子首次投票，他沒照長輩期待投票，他的理由：我讀小學時，就聽到衝衝衝，這次聽到的又是衝衝衝！蘇前院長喜歡要下屬擔過的「酷吏」傳聞，也可以有「執行力」之另類解釋？

接下來，那麼民視郭倍宏董事長，喜樂島聯盟聚眾十三萬的集會，他是「第一主角」，從他的演說，顯然有更上層樓，一定有「獵取大位的野心」，不合乎四大老的條件。難道是「謝」或「游」？時過境遷，在四大老心中可能已沒有這分量？至於其他B咖、C咖、或爛咖（借用某大物立委的話），更是每況愈下！我們倒是一時忘了四大老之間，有人符合這些條件的「絕品」：吳澧培資政。

吳資政當閣揆，絕對合符四大老的條件。還記得小布希競選總統時，爲找副總統人選，成立個選拔委員會，結果副總統最後的人選，就是委員會的主席錢尼。吳資政當閣魁，中外輝映，可以傳爲佳話。眞正的理由是不講的，何況出口數說人家，正表示其人動機強烈，不曉得蔡總統會不會心領神會？韓某倒是擔心有一位企業界的朋友會抗議，他會說，一個只有北加州治理小銀行經驗的人物，不正和阿扁時代，那位只有過管理南加州橘郡財務經驗的人士，冒然予以重任，淪爲「誤入叢林的白兔」一樣悲慘？

當然與人爲善，韓某朋友引喻失義，可以不論。民進黨也算是成熟的政黨：一位被評爲「爛咖」的人物，都可以出馬競選黨主席，黨就是黨的體制和程序正義。要人不出馬競選總統，或是公開要人放棄憲法權利，不只需要政治上的考量也要法律上的依據。只因爲你們被稱爲「大老」、「國師」，面對嚴峻和危險時刻，極不願意也極其痛苦地再坐視下去，就可以在不當的時候，做不當的發言，以挽救本土政權爲名，令其仆倒！

就算是有足夠理由？或許四大老想得很深刻，不逼蔡英文自行了結，斷了外頭世界那位「善霸」的路，四大老心中的寵兒（favored son）怎麼會出線？新冷戰、圍堵，是要長年的努力，按步就班，外頭的「善霸」要的是篤定，能進退配合，而不是「冒進路線」、燥熱症的人物。這是眼前這幾個月至半年，這類信息就會很清楚。

蔡英文的「失策」或甚至政敵所稱的「惡行」，是她瞭解本土政權要能執政，就是要掌握在中間擺盪的百分之十至十五的選民。這也是蔡氏對柯P的含糊和容忍的理由。事實上，朱立倫也瞭解。朱立倫元旦升旗典禮，到總統府，而不是同仇敵愾地到八德路國民黨中央黨部。拔管、插管，蔡氏的考慮也是如此，避免政治對衝的解決，由第一受害人尋求法律救濟，可惜最大受害人卻不願出面，要別人為他作政治解決，這是臺灣常見「學者」慣有的肩膀，只怪蔡英文不完全公平。

政治能量不能做這些無休止的花費。年金改革，為給年輕世代較平衡的未來，要支付多少政治能量，何況內部又有「爛咖集團」、「假民調組織」，背後放槍、插刀！此次要不是習大大誤打誤撞，許多人眞還不知道蔡某人長年經此糟蹋，居然還有點氣息，可以奮力回擊，大小國民都可以因此回過神來。蔡英文為甚麼要把超徵的近五百億元，準備發放給弱勢民眾和低薪的年輕世代？這不正表示蔡政府沒有忘記民進黨

「社會正義」的初心？深於政治計算的柯P也知道蔡氏此次「回防」非同小可，稍有不慎，可能就會把柯P的「政治底盤」貫穿。他急著說蔡英文的所受的支持，只是一日行情，要是長期看多，支持柯P的核心，所謂「白色力量」不就會消失無蹤。

事實上，四大老之外的另一大老，辜老，就比四老瞭解深刻。他不避忌諱，直言，只想發財的年輕人，他看不起！他看到韓流的橫行，是世道人心的顛簸，年輕世代文化價值教養的空洞和薄涼。這比四大老百分之百政治，看事情周延、高明太多。

以前有位「大師」對某一大老諍言：「在法律和政治哲學上多花費心力，可能比政治活動更能嘉惠年輕世代。」喜樂島聯盟前次聚眾十三萬，上臺演說的仁人志士，韓某仔細聽，希望能聽到啓蒙年輕世代的理論，而不只是一些「經典常談」，誰都可以倒轉復述。誰能生存，就要看誰的氣長，文化就是提供氣長的氧氣，看來有「臺灣心」的年輕世代，要存活、氣長，有朝一日看到文明的臺灣，要靠自己的努力了！

他倆都是百年難見的人才？

2019年3月30日

賴清德說韓國瑜是「百年難得一見的政治奇才」。

韓國瑜說賴清德是「百年難得一見、肯說實話的政治人才」。反正兩位都是「百年難得一見」！韓市長是否百年難得一見？

國民黨內部已經有了疑慮。甚麼「徵召」、「特邀」等國民黨中央的十八般對策，已經激發了反彈。表面上各路諸侯、黨內的「仁人志士」們，對不按牌理出牌的「相公牌」很有意見。其實心中眞正疑慮，倒是——韓某人眞的是百年難得一見？

有人不相信韓市長自稱是「中山先生信徒」，要考他國民黨黨史及國父遺教；有人甚至誓言，韓郎要是成爲國民黨候選人，取得大位，中華民國全體國民「失心瘋」，他要把他的眼珠子挖出來（當然這是象徵性的說法），掛在臺北城的城牆上，如同春秋時代吳國大夫伍子胥所爲（抉吾眼而懸於吳東門之上），要看消滅吳國的越軍是怎麼樣進入吳國都城的。

反正國民黨是百年大黨，人才濟濟，總會有「眾人皆睡我獨醒」的仁人志士，一定會嚴格檢驗，號稱直追中山先生、兩蔣父子的「百年難見」人才。中華民國小國民們倒是不用太擔心。該擔心的是民進黨另一位「百年難見」肯說實話的神物。此物肯說實話，而且百年難見，是否如此？

首先，我們要問韓郎稱讚賴神「肯說實話」是甚麼意思？是不是讚揚賴神信仰台獨，說他是「激進台獨」也不爲過，而且他一向說的不加掩飾、清楚分明，肯說實話。韓郎有感而發，賴神可不像他言僞而辨，以「拚經濟」掩飾「急統的政治企圖」，賴神可是「說清楚講明白」，怪不得他是台派諸大老無可取代的的「儲君」。

但是，韓郎用經濟掩蓋政治目的，所謂「經濟一百，政治爲零」的話術，居然風行，爲多數高雄人所支持，「誠實是最好的政策」顯然經不起考驗，數十年「民主聖地」居然不敵網紅直銷。

看在賴神眼裡，韓郎的翹起，猗盛哉！無可抵禦，外溢效應澎湃，人人尊稱爲「韓流」。賴神如何能不加以學習？首先，他修正自己，只是個台獨的「務實主義者」，可不要再說賴神是口無遮欄的「激進台獨」！人家現在可要「尊敬」中共政權，要和其「和平」共處。如何和平法，耐人尋味！

賴神台派最堅強的支持者，不是在前次台派的記者會中，有人放言美國正在等待臺灣宣佈獨立，可以藉勢取力，予以支持，臺灣絕不能放棄天大的好機會。怎麼形勢大好之時，「台獨實行家」，卻宣佈務實，向「和平條約」靠攏，不再宣佈「臺灣獨立」，假如他被選爲臺灣領導人。

看在台派諸大老眼中，這豈不是「軟弱無能」，其心可誅，有如蔡英文？那位號稱可動員百萬綠營支持者的人權律師，曾宣言：「假如蔡氏死不悔改，一定不投蔡英文，讓她自生自滅。」那麼如我們所知，人權的要項是公正公平，等量齊觀，是不是也要對賴神等同處置？或許有人會爲賴神說項，他的「修正主義」，只是爲了即將到來的民進黨全民調所作的「權宜之計」，無關他的「急獨」信仰。

在「急統韓」以及「急獨賴」之間，有一大片中間的「沉默多數」：保持現狀，相信「比誰氣長」，才是兩岸長遠解決之道。中美之間的戰略衝突，中國和歐陸及其它國家的矛盾，最終何嘗能不靠這種方式處理？

想幹一國兩制特首的，或是想當獨立共和國領袖者，可能要失望？形勢比人強，歷史的潮流是如此，百年難見的人才，若逆流，可能要被淹沒掉。因爲兩位所選的方向不對，高雄人的堅持未必是臺灣人的信仰。韓賴兩人近日若有美國之行，美國一定不會放棄「耳提面命」的大好機會，回臺一定耳目一新，該有所覺悟。臺灣的「沉默多數」，早就比百年難見的人才，覺醒的早！

「自由民主聯盟」要怎麼贏得2020年的勝利？

2019年5月19日

國民、民進兩黨都有內部紛爭，表面上來看，都像是各黨的「人民內部矛盾」，但依臺灣的民主自由的未來而言，兩黨各自的內鬥，卻是充滿了「敵我矛盾」。

先談國民黨，國民黨的「一個中國」，漢賊不兩立，即使賊立久了，變成「漢」，走頭無路的漢，變成「賊」，漢賊互易，形勢逼人，國民黨兩手一攤，孤臣無力可回天，重新再「養天地新正氣」，胡志強對汪洋主席45度的大鞠躬，有甚麼好奇怪？不管如何還是一個中國——中華人民共和國。

這是臺灣人民多年來瞭解的國民黨DNA，血濃於水，改變不了！國民黨的腦袋有如「孔庫力」，數十年沒有彈性，一直到「榮譽資深」黨員郭台銘的告白，才從呂伯大夢中，赫然驚醒？

郭大爺先是在美國如此說：「臺灣是中國不可分割的一部分。」訪美回臺後，立即更正他的「不可分割」說，說是被媒體斷章取義，他真正的立場，沒有「各自表述」，就沒有「一中原則」。也就是中國若不接受「中華民國」和「中華人民共和國」並存，就沒有「一中原則」。這不就是「兩國論」嗎？郭爺還憤怒地抗議港、陸媒體，把他國旗帽上的中華民國國旗打馬賽克！

來自一位資深榮譽黨員的「起義」，如何驚天動地！怪的是港、陸媒體，居然一開始不作立即回應，國臺辦、對臺小組也默不作聲！臺灣人民不得不懷疑，是不是為了取悅臺灣多數選民，雙方都套好了招？

還是國民黨終於醒過來了，想起兩蔣父子的「祖宗家訓」，打落牙齒和血吞，堅守民主陣營，和共產黨談甚麼「一國兩制」？還是「華獨」的新兩國論，才是中間和淺藍「沉默多數」心中眞正的立場？國民黨從來沒有過政客，有膽量敢沾上「兩國論」的蕾絲邊，何況侃侃而談「兩個中國」？他們只敢說反對「一國兩制」，只因爲臺灣人民不接受，不得不爾！

郭台銘之言是個創舉，不管他有心還是無意？說溜了嘴？還是居心叵測，只是想騙臺灣人民選票？還是春江水暖鴨先知，今年大選藍營版的「兩國論」會不會異軍突起？

臺灣人民慢慢會覺悟到，保衛國家主權和保衛自由民主的生活方式，不要變成香港，是廣大的淺綠、中間、淺藍的選民心中早有的決定。可惜長久以來不管藍、綠陣營的「話語權」都被「冒進台獨」和「激進統派」所掌控。華獨的兩國論和台獨的兩國論之間，似乎有不可穿越的鴻溝？有沒有想過雙方的兩國論者，可以融合，共組「自由民主聯盟」，贏得 2000 年選舉的勝利？

但是只說政治，不談經濟，不合臺灣現時的流行意見。郭台銘說：「自由民主可以當飯吃嗎？」高雄韓市長誓言，他百分之百不談政治，百分之百只談經濟，高雄發大財！臺灣發大財！——難道有誰不想發大財？需要某人時時耳提面命，「自由民主」阻礙我們發大財？眞地，只要我們放棄「自由民主」的奢想，和中國實質統一，不管用任何名目，我們就可以發大財？

往年或甚至幾個月前，這套理論，對大多數「經濟選民」而言，還具說服力。但自美中貿易大戰，「大膽西進」卻變成驚惶失措，找尋緊急出口！我們要有飯吃，免談發大財，必須在「自由民主」和「極權統治」兩者間擇一，靠邊站；馬克斯的「經濟定命論」說得好，誰有奶水，誰才是爹娘，到頭來，要靠誰的底子足，制度彈性夠，誰就會贏得「貿易戰爭」的勝利？臺商很聰明，商人無祖國，「重利輕別離」，看他們往哪裡逃，往哪裡轉進，就知道到底東風會壓倒西風？還是西風壓倒東風？

這就是國際強權鬥爭的現況。事實上，「貿易戰爭」只是美國的起手式，美國副總統彭斯不久前的演講，己經說得夠清楚，從來沒有過的清楚，而且相當知識性的（intellectual）評論，他讚揚臺灣的「自由民主」，因爲它將成華人世界的典範。他重申「一個中國」的政策，不說出的理由是因爲不想和「中國民族主義」爲敵，讓中國共產黨有個方便的說辭：共產黨是中國民族主義的唯一選擇。

臺灣人民應該瞭解美國的政策是不是有「內在的矛盾」。臺灣人民應該瞭解「臺灣是主權獨立的國家」和「臺灣共和國」概念上是不同的。加拿大、澳大利亞、紐西蘭是「主權獨立的國家」，但他們不是「共和國」。理論上，他們的國家元首是英國女皇。美國在這一點上，也是非常小心，即使對中國政策軟弱的歐巴馬政府，克林頓國務卿曾警告過馬英九政府，準備承認中國對臺灣有「宗主權」的意圖。美國對臺灣的「管理」，來自美國戰勝日本帝國的「戰爭權利」。

這也爲甚麼說明美國反對正名、立憲、獨立公投建立新國家。寧願把臺灣視作「獨立國家」，稱「臺灣總統」，「臺灣保證法」，但不是「新國家」，可以加入聯合國成爲新會員：臺灣必須承擔中華民國歷史上的業。

激進「臺灣共和國」的支持者，當然不能接受此類「命運」，但他們能改變多少？有人會說 2016 年民進黨全面執政，爲甚麼不能改變？我們可反思一下，民進黨改變一下「一例一休」、「年金改革」就已經撼動、重創民進黨的執政，如果蔡政府大力推動正名、立憲、新國家獨立公投，臺灣內部會有多大的風暴？外來的壓力會有多大？即使被詆毀爲「軟弱無能」，忠於謀國者，這是可以接受的「罵名」。2008 年國民黨也有過「全面執政」的機會，國民黨政府敢大力推行「統一」大業？連年金改革都不敢！

美中貿易戰爭開戰，這是很好的機會，可以強化國際社會對臺灣是獨立國家的事實的認定。美國的長程戰略是從貿易戰爭，到冷戰格局，對中國進行緩慢而實質的圍堵，削弱其實力，需要臺灣維持現狀，這和蔡政府的政策吻合，也符合蔡總統慬愼小心、溫和的個性，也難怪美政府及「深層政府」唯一的選擇是蔡英文，其他總統候選人都是「野狐禪」！

民主政治的風險，都來自選民會有短時期的任意和時尙。去年十一月高雄市長就是個鮮明例子。如果爲保衛臺灣的自由民主的生活方式，藍綠雙方同情和相信兩國論者，必須合作，以防意外，令後代子孫扼腕，受害，這也是重新建構臺灣政治文化的開始。蔡總統的民調回穩，以及國民黨有七個形象親新的立法委員，願意贊成同婚法案，令人不禁樂觀鼓舞：臺灣終會走出一條多數選民贊同、「自由民主」的主流路線。

現在，要由雙邊兩國論者共組一個「自由民主聯盟」的「行動綱領」時間太過急迫。行動綱領倒是可由民進黨先行提出。民進黨可以先行表達：古典的「臺灣共和國」的說法，必須更具「包容性」，由「兩國論」架構來了解，可以與「人民有約」（The Contract with the People）的書面形式爲之：兩國論是基於自由民主的信仰，保衛自由民主的生活方式，不問黨派，眼前的國際形勢，臺灣唯有選擇親美路線，甚至從自利的經濟眼光考慮，也是如此。

統獨衝突的源頭不在臺灣，而在大陸。大陸人民若以爲中國共產黨是中國民族主義的唯一代表，那麼把中國帶到如此四面楚歌的險境，哪個黨該負全責？海峽兩岸有朝一日，若是自由民主，誰在乎海峽中線是不是國境？這才是美國政府「一個中國」的原義。臺灣人民只能承擔中華民國歷史的業，努力走出一條自由民主的大道，是個典範也好，或只是個樣板都無妨。中國人民如何解開他們中國近代史和現代史的結，所託是否匪人？這是中國人民自己的責任，要自己承擔！

沐猴而冠，台民黨有位柯主席！

2019年7月8日

恭禧了，柯主席！你終於有了「主席」之名，終於完成了你的「延安之夢」！以你的自信和自大，全世界的大人物，不管是活著或過世的，只有住過延安窯洞，搞過長長三年文藝整風，整掉數萬黨員、作家、知識分子生命的那一位主席，才值得你讚歎和取法。

那位主席曾說過曠世名言：「廟小妖風大，池小王八多」。柯主席取法乎上，當然臺灣在柯主席眼裡，那算啥？是間小廟和小池子：颳的是妖孽狂風，爬的是不可勝數的大小王八。因此，蔡總統和在她旁邊作事的大小官吏，不管有沒有買「私煙」都被柯大主席稱作都是貪官污吏！請官員們不用生氣，他尚有殘餘的「口德」，還沒有把你們比作王八畜生，他只是說你們官員買萬箱私煙幹甚麼？不是大家都想轉售貪污，那麼多煙，自己吸得完嗎？

有位蔡總統手下自清。柯主席立即反嗆：「你是臺大土木系畢業生，也算是高級知識分子，被人批評，不知道深刻反省，怎麼良心都不見了！」看來同是念臺灣大學的，有的科系念出來，不能自清，只有被批評、「認罪」的份，只有臺大醫科的高材生才能定人家的「罪」。

被人批評，別人必須深切反省，而自己不需要。柯主席這四、五年來從政，可有深切反省過？他眞的是如此完美，從來自己和其手下，沒有弊案上身，因此不需要反省？選民們大家可以等著瞧，很快大家都會知曉，是不是垃圾只屬於藍綠？

有人被無辜摧毀人格，也要欣然接受，不能辨駁；有人要被砍頭了，也要謝主隆恩！這有甚麼好奇怪的，因爲在柯主席心中，你們都是「搶匪」，而他和維穩的「警察」是一家親、命運共同體。他柯文哲講話就是這個樣子，高不高興由你，柯主席說沒有甚麼好道歉的！自由言論用的可是同樣標準，我們小國民們是不是可以說：「你沐猴而冠，台民黨有位柯主席，高不高興由你？」

臺灣政壇又成立一個新政黨，這當然是盛事。奇怪的是沒有其它政黨，不管大小，送個花藍祝賀，這倒是奇聞。柯主席當然說，「非洲」的老虎一向獨來獨往，別的政黨不送花，有甚麼好奇怪的！

柯主席的就職演說：有人批評他沒有中心思想，他的中心思想是臺灣的總體利益跟人民的最大福祉……現在的臺灣，個人利益大於派系利益，派系利益大於政黨利益，政黨利益又大於國家利益。

柯主席的口說無憑，文字來了，不是事實跟著來。小國民們現在倒可以說：柯爺現在不只是個人，是黨的主席，也是唯一派系的頭頭，他所謂的「國家利益」是不是符合多數國民的「中心思想」？我們是不是「搶匪」，別人是不是「警察」？「搶匪」又要如何行爲，才能符合「國家利益」？這些項目都是檢驗「柯主席」的絕佳考題，這世界不見得需要繞著智商 157 的「天才」轉！

成立政黨出席的主賓，都是自家市府人馬和父母、牽手，外賓稀稀落落，如此不熱鬧，倒頗令人唏噓！怎麼當過一屆首都市長，號召力如此薄弱，民調不是說百分之二十的選民會投票給他，出席率怎會如此不堪，沒有自發自動、共襄盛舉的起碼數萬民眾（用韓粉的標準）？難道所謂「柯粉」只是「口惠」而已？事前，柯主席大概略有所聞，稍有感受，怪不得這幾天攻擊民進黨和蔡英文如此惡毒和猛烈。蔡總統說的好：「不是攻擊人家污穢，抹黑別人，就會令自己乾淨！」

有位民進黨大老稱，支持柯市長的親綠選民，民進黨大概找不回來了。從台民黨成立時的「盛況」，柯市長的「盛世醒言」，此老是不是杞人憂天，長他人志氣？還是年老力衰，眼前自然一片昏暗？——蔡總統真的是「不堪一擊」？惡敵環伺，民進黨倒是要學會自家是「過河卒子」，只得努力向前！

「洪水猛獸」的柯P能撐多久？

2019年8月2日

柯P有如「洪水猛獸」的時光，還能撐多久？

八月六日，他不僅要創立「台民黨」，要把他的幹部、可能的區域、不分區立委人選一字排開，其中有多少「洪水」多少「猛獸」，就會清清楚楚。對此走臺秀，最感興趣的外掛大亨，莫過於郭大員外。

郭董可要先看看這批「鮮肉」會不會令他垂涎？值不值得他珍藏？願不願意出個價？郭董可不是柯P心中的「資質不高」、「剛破殼的小雞仔」。他可是企業霸主，此次「採購」的最大目的，取法乎上，在於能否幫助他取得中華民國總統大位？

柯P想跳出幾年來的「獨角戲」，知道要有個新的政黨平臺，可需要「人」和「錢」來裝扮。大家都知道柯P自視極高，容得下能與他同臺演出的角色不多，即使只是無傷大雅的跑腿龍套。有媒體細數他可能排出的角色：鍾小平、林國成、李婉玉、曾燦金、陳思宇、高嘉瑜、賴香伶、黃瀞瑩、蔡宗雄、劉奕霆、蔡炳坤、李縉穎、周榆修、藍世聰、徐世勳……請問這些「人才」都夠分量，會令郭董眼睛一亮，刮目相看？

除了人以外，到底柯Ｐ背後會有多少金主？臺北有政治達人估量，柯Ｐ最大金主，可能就是臺北那位零售市場大亨兼建商。建黨需要更多新的金主，一時之間談何容易！柯Ｐ要靠這幾年位居要津所建立的人脈，成立政黨獨立參選，覬覦大位，力有所不逮，這點柯Ｐ清楚，郭董也清楚。

柯Ｐ希望，是他和他的黨可以被郭董相中，選為更上層樓的平臺。國民黨不知愛惜郭董的情義，台民黨可是牽腸掛肚地在等待郭董的關愛眼神！

郭董可能需要慷慨給予「台民黨」金援，就像往日對「國民黨」的大方。因為「柯粉」如今可沒有「韓粉」那麼勢力強大，可要招募許多報國無門、有志難伸的政客、知識分子、外加帶槍投靠的陸海空軍。壯大的「台民黨」，有幸成功，一則可以扛著郭董進入總統府；二則闖入立法院，呼風喚雨，像個喬家大院。2020 年的「郭總統」才不會淪為陽春光棍的三軍統帥。有了「台民黨」的廟堂勢力，有朝一日，2024 年的「柯總統」才有可能？

郭董會如此想嗎？是不是可以「郭柯配」？「台民黨」可以宣稱為保衛「中華民國」，徵召郭董參選，「台民選台銘」，柯P只想當黨主席？當然，郭董最內心的想法，倒是韓總會再「爬樹」，「宿醉」不醒人事，貴體不堪選戰沉重負擔而神隱；或是天公不作美，大雨滂沱，高雄市街道出現幾百個坑洞，甚至「蚊禍」難以收拾，……昔人稱「大位不能以智取」，馬前總統說「世事難料」，誰說韓總不會以「禪讓」作為結局？你怎麼知道媽祖沒有再託夢給郭董；關老爺子夜深人靜，午夜夢回，沒有耳提面命過郭董：「仁義為人，自有天命。」上蒼自有安排，稍安勿躁！

這也柯P為甚麼會說，他選不選要到九月上旬，才作決定。說穿了，這是要配合郭董。眼前這五、六個星期間，世間會有多少變易；例如，香港政府宣佈戒嚴，人民解放軍進駐；港幣美金脫鉤，港幣大跌，臺灣金融曝險有多少？中美貿易戰爭加劇，韓總的「拉進來，打出去」變成人間大笑話！

今年的八月又緊張又難以預料，郭董、韓總、柯P個個度日如年。大小國民們、公司行號，中元普度，請多準備供品，多燒點金紙錢，以求國泰民安。柯P的「洪水猛獸」稍縱即逝，到底能撐多久，有多少人會再傾心注意？一部一部的高速列車，會接二連三地在我們眼前進站！

中國與香港

2019年9月4日

政治文化的認同不同，就是二個國度。「一國兩制」是自欺欺人。

美國在南北內戰爆發前，己經瞭解這個道理。當時，美國許多的政治領袖問，一個國家半邊是「蓄奴制」，另一半是「釋奴制」，雙方可以若無其事，共組一個「合眾國」？答案是否定的。

1997年香港回歸，併回中國，多數香港人相信「一個兩制」是可能的：馬照跑、舞照跳，五十年不變。當時香港人相信的理由，是中國需要香港。香港是中國對外貿易的窗口，資金流入的大門。沒有香港，中國沒有「改革開放」前途。

當時香港人忘了問的問題：中國需要香港的時間會多久，當中國不再「那麼」需要香港時，香港人要如何自處？中國對香港的「承諾」會不會改變？「中英聯合聲明」最大的漏洞，是香港回歸，未能依照聯合聲明的「精神」，立即「普選」特首以及立法局成員。以大英帝國數百年的國際政治經驗；例如，如何應對愛爾蘭，一定了解其中的重要性。柴契爾英國政府輕易放棄，是沒盡到百年殖民，對殖民地的最後責任。

即使英國有此堅持，當時的香港人民意，會是那麼在意？有些香港人認爲他們也是中國人，何況中國需要香港！「民族主義」和立即取有的經濟利益，矇蔽應有的「深思熟慮」？事實是，有許多香港人，倒是瞭解中共的本質和其所謂的「承諾」，在「九七大限」前，早對自己家族的身家做委善的安排，坐「移民監」是普遍現象。

韓某不敏，就知道有兩位名人。一位當時是極度有名的「科幻小說」作者，離開香港後，定居舊金山。有一次臺灣大選，他對當時臺灣前途的爭論，表明，我是中國人，當然不希望臺灣脫離中國，但臺灣人絕對有權力決定自己的未來。一位臺灣人對韓某說，這是他所認識第一位心裡明白、有良知的中國人。臺灣人有權力決定自己的未來，香港人當然他有同樣的權力。

另一位名人，他的武俠小說，紅遍華人世界，九七大限前，在他把他的家族、身家往澳洲安頓後回到香港，繼續他的天山、崑崙山、金光頂、故國山河和歷史傳奇。這當然是中共統戰所需要的絕佳「愛國」樣板，自然飽受攏絡，貴爲政協委員，新朝另類的「博學鴻詞」。孔夫子說：「始作俑者，其無後乎！」好像預見此類文人！

看到「反送中」香港新世代年輕人所表達的意志和犧牲的勇氣，實在不忍心說出殘酷的的事實：九七前後，有多少香港言論菁英，曾經想到過香港的「新世代」、「新新世代」的未來？殘忍地讓今日香港年輕人，必須挑起主掌自己命運的擔子，退一步即無死所，除非改變自己，作個順民，或是當個秦俑！

七百萬人的社會，能有兩百萬人上街抗議，保衛自由民主，天搖地動，泣鬼神，已是香港能動員的最大能量。二百萬自由鬥士抵抗了十四億的法西斯？對抗坦克、裝甲、運兵車上街，機槍平射，香港最多只會是捷克的布拉格，或北京的六四。中南海怕的不是川普總統的貿易戰爭、或是美國國會可能制定的「香港自由民主法」，他們怕的是香港會不會是「火種」？這也爲甚麼他們誓言要把深圳，教育成只說「北京話」的愛國都市，在香港和廣東省之間建立個防火長城的都市。

假如香港人把香港視作說粵語民族的都市，廣東省是他們的腹地，人口八千萬，多於德國、法國、英國各自的人口，經濟實力更是不遑多讓，這會是何等景像？——這倒不是要分裂中國，而是重建和改變中國，不再是一黨專政、極權國家的第一步。

中國政治歷史上沒有過自然演化的機會，這也爲什麼中國不是歐洲。用點歷史想像，假如楚漢相爭，楚霸王勝利，中國的歷史發展會是怎樣的圖像？封建諸侯國林立，各自發展，不是中央權力集中的大一統，不是罷絀百家，獨尊儒術，五經博士。李約瑟說，三國魏吳蜀是中國自然地理，在政治上最好的呈現。

或許香港新世代無法想像的那麼遠，七年之疾，需要三年之艾，苟爲不蓄，終生難得。七十年之疾，當然需要三十年之艾草。「說粵語民族」的未來，不在長江三角洲，是南海，是東南亞泛粵語的華人社會。

拿破崙的帝國、希特勒的第三帝國、蘇維埃社會主義共和國聯邦，今日安在？即使今日依據和平法治、自由民主原則而可參加或退出的歐盟，有多少歐陸國家願把國家主權，交給布魯塞爾的歐洲議會的中央官僚？義大利、希臘、西班牙、葡萄牙的國債風波，德國人民會全盤接受，承擔解決全歐的經濟和移民問題的責任？可預見，歐盟來日會有更進一步整合的困難。

從最有資格創造「帝國」的歐盟來看，帝國顯然不是解決政治、經濟、民族諸問題的特效藥。何況把組織一個大帝國，當成像組織單一民族的「民族國家」那麼粗心大意，只會玩狠的國度裡，一治一亂、槍桿子出政權當然是歷史的定律。中國歷史上的帝國，能夠生存繁榮一段長日子，不就是「胡化漢人」或是「胡人漢化」所建立的？典型漢人的「民族國家」就是明朝。看看歷史學家明季對「打倒韃子」、民族主義所作的評價！

一個單一種族的德意志帝國，民族的歷史也有「普魯士」和「奧地利」不同的歷史、文化的解釋。歐盟再整合的困難，令歐陸歷史學家重新檢視多種族的「神聖羅馬帝國」，如何在民族主義狂飆的浪潮下，能夠生存近四百年，成就非凡的文明和藝術成果，令它的子民，不受內在自我政權的壓迫，外來強敵的進侮。後世對其傷感的懷念，一定有它的道理。雜亂無章的帝國議會、大小諸侯、有選舉權的侯爵、自由市，權力從上到下，互相平衡，帝國議會中，誰都沒有專斷的權力，包括皇帝；就因為權力沒有專斷，經濟反而能越過民族間的藩籬而互通有無，文化可以相當自由的發展。

想要成立帝國，首先要有帝國的智慧。艾克頓勳爵的名言：「（對內）壓迫造成自由主義，（對外）侵略，造成異族的民族主義。」英國能反潮流「脫歐」，就是因為他們有長年大英帝國的經驗，知道帝國難行。英國當年加盟歐盟堅持繼續使用「英鎊」，而不是同意使用日後的中央貨幣「歐元」，難道是先見之明？

近日德國東部兩邦地方選舉，主流的基督教民主黨及社會民主黨得票數大幅縮減。右派的「另類選擇」在地方議會中變成主流政黨。德國挑起「歐盟帝國」的經濟責任，補貼落後的成員，基於全球主義，歡迎外來移民，一定會越來越受德國人民的「挑戰」！

「反送中」的香港新生代，遲早會發現他們奮鬥的不只是保衛「一國兩制」、「特首直選」，而是中國是不是應該以一個「帝國」出現？因爲帝國的需要，因而需要有個專斷政治權力的政黨，專賣歷史的解釋權，完全控制思想文化發展的動力。帝國沒有市場機制的經濟體制，如何計算生產。蘇維埃時代的一位數學家及經濟學家，已經明言國家資本主義的計劃經濟，不可行，因爲「不能計算」，何況控制國營事業的是黨的「官二代」，難道只要「紅」，就會「專」？不忘老爹、爺爺的初衷，就會開創帝國的新局面？

依中南海的觀點，香港的「動亂」是「火種」，這也爲甚麼香港問題不容易善了的理由。即使香港新生代只要求「有限目標」，中南海會這樣想嗎？香港五十年不變，是老謀深算政治家的智慧之言，不是信口開河！臺灣領導人的保衛主權，維持現狀，何嘗不是具有深意？可悲的是，大帝國的威儀，火種需要撲滅，中南海怎麼容得下，在一群黃口小兒之前示弱、退卻！

韓流：走動的黨國遊魂

2019年9月30日

有人說「無顏色的思考」，政客說「超越藍綠」，好像社會的文化、歷史都可以在一片刻間，從眞空，從無色無味，重新「開機」，世間有有這樣的「魔術師」？有這樣的「魔法」？

如此天眞的以爲，在知識界也不少見。例如，相信市場可以「完全競爭」者，甚至相信「完全競爭」，可以透過市場機制，一瞬之間，就可到來，沒有時間上的遲緩。與此相對，「新凱因斯基學派」相信的，「價格」有「黏滯性」，即使到頭來市場終究會因「完全競爭」而達到平衡，也需要時間。

比較可以理性辯論，可以從人世間諸多事實和經驗，而印證的經濟學，也需要「時間」的因子，何況政治、文化、和歷史等其它有關人性的現象。惟有時間才能清除歷史的「惡靈」！

從 1789 年法國大革命起，整個十九世紀，法蘭西政治，要在「王室派」、「共和派」之間，牽扯和鬥爭長達百年，要到第一世界大戰前夕才結束。這還是在知識活躍、文化經常創新，政治運動能量充沛的國度裡，所需要的時間會長達如此。那麼經歷七十年黨國控制，多數人無能和有勇氣挑戰教條化的文化、和政治國度裡，有多少人能夠獨立思考，建立自我，爲社會保存一線啓蒙的生機？即使有朝一日，民主化了，七十年的黨國幽靈，從此消逝無蹤了，我們可以「重新開機」？

是重新開動七十年前的黨國老機器？還是像作了一場數十年的「呂伯大夢」？數十年上山伐木時的斧頭已經生銹，斧柄已經腐爛；下了山回到自己的故居，妻室早逝，新生代好像看到了化外野人——「阿伯」請問你們來自何處？

呂伯的遭遇雖是悲劇，故事所說只是呂伯一人。要是人間有成千上萬的呂伯，數十年南柯一夢，六十多歲的「阿伯」們仍然堅信不疑，他們的夢是眞實的，黨國的一切，並沒有改變。我們只能說黨國不再，走動的黨國遊魂（walking shadow），仍然四處可見，阻礙新世代的想像和進步。

韓流的民調，在四十歲年輕世代的支持率，只剩個位數字。只有六十歲上下的「阿伯」們，才可發現它們的存在。爲什麼相信和讚同「韓流教主」所說的、他的行爲舉止，不加檢視？只因爲他們在教主身上，發現他們自己，如何和自己爲敵？

一場長達數十年的夢，只能聽，不能問，從來不會「午夜夢回」，回塵往事，可供思考片刻？待發現這世界變了，而自己的青春歲月不再，從來沒有自己擁有和發揮過的青春，因爲掌控青春的不是自己，而是上三品、所謂黨的「菁英」。到頭來，「相信」只換來「背信」，叫人如何不憤怒！

青春不再，存留的只是被人「裝配」過的腦袋，如何瞭解和應付新的世代？眼前變動的新世界是陌生的，和腦袋裡的「配件」格格不入，令人不愉快。只有當大家和在一堆，一起「夜襲」，才會有溫熱，才會有力量，才不會失落——才不會審問，到底是誰把我們的青春浪費和摧毀掉？

黑夜漫漫的遊魂，令人畏懼，從人人緊閉的大門中，他們發現自己的權力；在人人害怕的眼光中，找回自己失落的青春和生存的意義！

李娘娘要征服宇宙，先要知道宇宙是甚麼？

2019年11月5日

李佳芬娘娘說：「若不相信或無法征服（宇宙）才是草包咧！」二十一世紀是時空穿越的世紀，征服宇宙一點都不是開玩笑。

我們不知道李娘娘如何「時空穿越」，她可以穿越「蟲洞」，或是穿越「黑洞」，化爲灰燼、或是眞空，再重新整合自己。她大概不知道速度的最大極限是光速，二十一世紀一百年間，人造的「飛行器」，可劃出多大「時空」可供征服？

或許她所認知的「宇宙」是太陽系。請問包容太陽系的「銀河」有多少類似的太陽系？銀河算是極小的星系，你知道宇宙中多少星系？星系之上還有「集團星系」，你知道這宇宙間，有多少集團星系？是百億或兆的數字。李娘娘可能還不知道我們的宇宙是擴張的（expanding），幾十萬年、百萬年後，如果人類還生存，他們看到的天空，星星會非常的少，因爲空間擴大，星星的密度會減小。

如果理論物理的「弦論」、「超弦論」等是眞的，我們可能還有幾十萬個、幾百萬個平行宇宙，那麼李娘娘指的是哪個，她可以去征服？

這樣的「宇宙」是難以征服的，像是要征服「上帝」？我們不可能征服，而是努力瞭解。即使人類想瞭解，也有其限度。物理學家所建造的「加速器」所能達到的能量，不能和探測宇宙所需的高能量相比擬，除非要加速器的半徑做到大如地球和月球的距離。我們只能從有關宇宙的「高能量」學說，推論到我們可能建造「加速器」的低能量狀態時的表現，才能用實驗來估算我們的學說，有多少可能是眞？古希臘的哲學家說的對，我們只能思索宇宙——誰說的征服宇宙，征服上帝？

或許李娘娘所瞭解的「宇宙」只是指「太陽系」，即使是太陽系，李娘娘大概也不知道太陽的能量來自氫元素的核子融合，幾十萬年後當氫元素用盡，太陽會塌陷，爆炸出一大紅球，向外擴展，掩沒整個太陽系，高能射線把「人類」（如果還存在），烤成灰燼。

或許二十一世紀間，人類可能先「征服」火星，在那裡發現水，分解水成我們生命所需要的氧氣，和氫氣來融合所需要的能源。最起碼人類要在核子融合有所控制，不能像是「氫彈」，一爆了之。

不管氫融合所需的磁場壓縮的「托克麥克」技術，或是集束雷射光焦聚一小空間，造成太陽表面溫度，促成氫元素核子融合，產生幾乎無限制的能量，才可能在異域星球生存，殖民；才有可能建造巨型航空器，帶著人類往外太空發展，當個遊牧民族，我們可不是太空的「成吉思汗」蒙古騎兵，可以征服宇宙，只能靠逐「水草」而居。請注意「水」字，除非人類改造其化學生物系統，部分生命改造成為無機和機械，經得起外太空強烈的輻射曝照。

李娘娘這是妳所說的「征服宇宙」嗎？當個教育者，不是發明空洞、美麗的口號，敝帚自珍，庸愚自得，不知為不知是知也，才不致有淪為草包的危險。教育家要努力幫助「年輕世代」瞭解，「瞭解就是自由」。自由的心靈，自然會有其創造，找出努力奮鬥的目標，他們不需要「征服」甚麼！

中華民國的那十艘潛艦

2019年12月23日

美國小布希總統剛上任時，公開表示願意軍售中華民國八到十艘新型潛艦。國防部潛艦的採購案，卻被國民黨和親民黨以壓倒性的立院多數席次，聯手扼殺達五十餘次，說這是國防部的「凱子軍購」！

當時毀掉這十艘潛艦的那群國民黨和親民黨政客和其同志們，此時正聲嘶力竭，號稱願意「粉身碎骨」保衛中華民國的安全和主權。可巧，中共自製的第二艘航母近日正式服役。中共兩艘航母壓境，國防部只能手忙腳亂地強調我們的「不對稱戰爭」的軍略，來安定民心。

知道這段「十艘潛艦」歷史的國人，時至今日，一定仍然忿忿不平。假如國民黨和親民黨當時不聯手誤國，我們的十艘新型潛艦就可以在我們自家海域中潛伏監視，敵人兩艘航母膽敢，大喇喇地欺門踏戶。誰理你我？你我的主權在敵人眼中是個笑話！耀武揚威，不時出現的航母就是明證。

這段慘痛的歷史，國人不應該輕易忘懷、原諒，尤其是年輕世代的選民。我們可以再讓誤國、或是幾近賣國的國民黨和親民黨，再度席捲立院，成為多數黨，予取予求，為非作歹，把國家安全和主權當成向敵人交心，尋求「讓利」的貢品。

因此，在此時強權爭霸，冷戰形勢已成，敵友同盟關係重新列隊調整，為國家安全和未來計，在立法院擁有多數席次，絕對必要。執政黨若未能在立法院擁有多數，類似「十艘潛艦」的慘劇，一定會再發生！

票在你我手中，哪個政黨會成為多數黨，也在你我手中。新的類如「十艘潛艦」的慘劇，會不會再度發生，腐蝕國家安全，也在你我手中。歷史的悲劇會再三發生，常因為新世代漫不經心，有多少人會記住「殷鑑不遠」的古訓？他們甚至不知道國家安全，曾被昔日的「三公九卿」出賣過！

藍綠一樣爛，民衆黨會好到哪裡？

2020年1月5日

如果藍綠一樣爛，民眾黨好到哪裡？會不會也是爛中之爛？

至少國民黨還有塊百年招牌，雖然搖搖欲墜，還染上紅毒，但是還有少數義不帝秦，不願淪落成國瑜黨的孤臣孽子；民進黨雖被污衊成派系林立，但是撞來撞去，總會發現有人要負責，會負起責任，起碼當家的那一位逃不了，accountability 絕沒有問題。

民眾黨有位捉摸不定、沒有「中心思想」的頭頭，最多再加上三個半位女人：太夫人、夫人、白手套的異性分身和學姐。這就是民眾黨的核心組織。你我票投了它，不久發現不對，這位頭頭兩手一攤，「本來這是這樣！」或是顧左右而言它，你我奈這一小撮人何？

所以爛不爛不是首要問題，最重要的是如果發現問題，誰來負責？這是風險評估。從幾年前世大運開始，你我有很長的時間觀察和評鑑這位民眾黨的「頭人」。他可不是不藍不綠，超越藍綠的所謂「白色人物」。因爲白色可以因現實需要而用分光儀，分解成紅橙黃綠藍靛紫。這是沒有中心思想的好處，因時際會，孔雀開屏，你要甚麼顏色，就有何種顏色，天下英雄儘在我的手掌心中！

自大、不可一世，就是此位白色人物的特質。例如，他稱年輕世代是剛破殼的新雞仔；年紀稍早也好不到哪裡，因爲他說臺灣選民資質不高；更可怕的他倒是說臺灣人民像「搶匪」，搶美國銀行待售的軍品，愚蠢到看不見銀行站著中國武警。

事情發展至此，臺灣搶匪是不是該棄械投降，任憑中國武警發落，才會有兩岸一家親的可能？夫妻床頭吵，床尾和，又不是武大、金蓮兩怨偶，一條棉被，蓋頭不蓋腳，可不要歹臉相向，要逆來順受，任人霸淩，才會有「命運共同體」？

這就是票投民眾黨的風險。捉摸不定、翻雲覆雨、可東可西的頭頭，是你我唯一的抵押品。到時，有人兩手一攤，死不認帳，你我將如何？

來日，必然是壁壘分明的大世紀，臺灣的戰略地緣的重要性，不言而喻。有個穩定的政局，持元保泰，剩下的賽局只是證明誰的氣長。對能自我修補改良的自由民主體制，應有信心。投票投給可以 accountable 的政黨，維持政局的穩定多數，絕對是聰明睿智的選擇。

世所恥病的「派系林立」，倒是反映此類政黨的正在現代化中，不再受「歷史疫病」的纏繞，回應社會各階層不同利益的自然過程。一個政黨各派系經由衝突，妥協而形成共識，再面對更大更複雜的社會挑戰，這是政治社會化必經的程序。

不要因一時的小缺失而壞大猷，一個主要政黨若能現代化，這就是表示這個社會政治文明現代化的開始。六天後，你我手中的三張選票，是向全世界證明，臺灣的政治文明，已經步入現代化的新時代！

世界可以不需要中國，中國不能沒有世界

2020 年 2 月 26 日

武漢肺炎肆虐的此時，世界上許多國家，包括你我，都會不自覺地想：沒有中國，世界的現況會不會好些？

當然會好多了，至少沒有武漢肺炎，不必擔心害怕，哪天病毒不知怎樣摸上而侵入你的身體。但是，武漢病毒總會過去，據專家估計，最壞只要到了炎熱的夏天，氣溫的升高會消滅，或至少抑制病毒的擴展。專家說武漢肺炎，會變成像流感一樣，和人類和平共存，只要你我年紀不要太過高齡，何況疫苗指日可待。

所以，全世界包括中國，都會恢復正常，happy go around。中國外交部的某位發言人曾很自信地說，經此武漢一疫，將來的中國會更強和更好！中國的將來會是這樣的結局嗎？可惜中國的大家長似乎並不那麼意氣飛揚，習主席說，武漢肺炎是中共建制

以來最大的挑戰和考驗。

首先，大部分的國家（可能除了衣索匹亞外），大概對中國的觀感會有「定性」的質變。大概不會再像從前一樣的單純：中國是世界工廠，製造世界所需要的物品，再把賺來的財富，花在觀光旅遊上，掃空各國的奢侈品，乾掉各國的威士忌和紅酒，完成一個經濟循環。對中國和其它世界各國都有利。

但是，中國是十四億人口的大國，經濟循環再怎麼順暢，拉升的只是上頭的二、三億人口，底下的十億餘怎麼拉？如果，這次武漢禍害是來自平常人家、匹夫匹婦好吃野味，此次是蝙蝠，下次可能是穿山甲、竹鼠、果子狸、刺蝟、孔雀、梅花鹿……只要你能命名的，就有對應的食譜和烹調方式，你叫他們怎麼不「嘗鮮」？也就是提供病毒進襲的途徑。

這是文明，文明不同，從「吃」的東西、「禮儀」，到形上的道德和價值體系的不同，必然會有衝突。世界上許多人從此會反思和中國的來往，不會僅止於「商品關係」。吃雖然是小事，病從口入，吃出非常之禍，禍延他人，他人會怎樣擴大地想像？

如果中國是個具有非常文化的非常國度，和多數國家不同，那麼「各盡所能各取所需」的世界秩序是不是行得通？文明的衝突不論，如果底端的十億餘人的生活水平要拉高到接近此時二、三億高端人口的生活水平，地球上的所有資源和資本是不是都要流向中國？主要「供應鏈」是不是都要依賴中國？這次的武漢肺炎，所引起的「斷鍊」危機，必然逼迫世界各國必須面對此急迫的問題。

如果，全球需要「世界工廠」，大家現在會想，不能只有中國一處。主要供應鍊，不能只有中國一條主幹線。這是此次武漢肺炎所引發的世界性改變。今日，不會有太多人相信「全球化」會行得通。如果再加上世界強權所需要的權力平衡考慮，許多國家會思想一個「不需要中國」的世界新秩序，是否應該出現，因此世界可以自給自足，以應不時之需？

如果中國維持現時的中央極權，信息不透明的封閉政治結構，武漢肺炎似的災禍一定會再發生。武漢市前市長對媒體說出事實：（疫病剛發生時）我們不能說甚麼？要等到中央授權時，才能說。到時承認有非常的事端，需要非常的手段時，已是一、二個月後。世界能支付得起這樣運作的世界工廠？把龐大的資金，投入中國，建立起全球生產鍊無可取代的環節，卻得不到透明的信息？

除了眼前自然的風險外，此次災變，許多人會警覺到中國的體制會不會有潛在的人爲政治風險？不時時釋放出社會內在的張力，只會僵硬式的「維穩」，不努力調適，雖然表面不亂，有朝一日，可預期的是「一亂便倒」。一個極權的政治體制，是不允許其它體制同時存在，甚至是非政治性的社會組織。唯一容許的集權組織，一有變亂，沒有其它的社會組織，能向前相挺，保護國家不致崩潰，所謂「天下大亂」就是這樣來的！

拋棄「全球化」的世界新秩序，必然尋找不那麼需要中國，甚至不需要中國的世界，假如中國不跟著世界走。沒有世界的中國能夠自給自足，自立自強嗎？一個美國的農人能提供給二十位美國人糧食所需，即便是有多少糧食被浪費掉了！中國自己生產的糧食夠養活十四億人口嗎？美國能源不僅自給自足，而且外銷，中國能源能自足嗎？即使不考慮污染和環境保護的問題。

鄧小平的「韜光養晦」不只是戰略原則，更是了解中國的天生弱點。後人稍有長進，就喊出：「厲害，我的國！」所謂「漢唐盛世」。事實上，只需要多長四個「角」的病毒，就幾乎把中國打出原形。看來老革命政治家多少歲月生於憂患，深謀而遠慮：中國不能沒有世界，只能陰取，不能強拿。不幸的，現在許多主要國家，很清楚瞭解在中共主政下中國的意圖！

負利率救得了全球經濟？

2020年5月17日

負利率救得了全球經濟？如果負利率的貨幣政策救得了經濟，日本經濟早就脫離通貨緊縮，也不至有所謂的失落的三十年。

前二任美國聯邦準備理事會主席班·柏南奇，就不會在任時半開玩笑地建議日本中央銀行，要準備直升機隊，把新印好的貨幣在日本都市上空向下撒，解決通貨緊縮的難題，因此贏得「直升機·班」（helicopter Ben）的稱號。若日本消費者俯身拾起鈔票，立即消費，不花白不花，用此帶動經濟，可以脫離通貨緊縮、利率爲負的泥沼嗎？

一般的消費者可不要對「經濟學家」有能「救世」的智識，有太多期待。華爾街有種說法：十個經濟學家會有八、九種結論。但是，他們倒有一共識，他們都不願面對和處理通貨緊縮的問題，因爲他們最重要的「貨幣政策」手段，一落入「負利率」

區間，就難有施展的餘地。如果中央銀行的貨幣政策不能影響經濟走向，還能叫做「中央銀行」，銀行的銀行嗎？

近日，美國聯邦準備理事會主席鮑威爾拒絕在川普總統的壓力下，把利率再度放低，進入負值區域。鮑爾說，一，負利率對經濟有長遠的傷害；二，聯邦準備理事會還有其它工具。

負利率對經濟會有長遠的傷害，許多人都從日本失落三十年的經濟，多少有些認識。經濟一落入負利率，消費者一定會對經濟前景不看好，沒有信心，長期的國債殖利率會反常的低於短期的利率。照道理，若消費者看好未來，遠程國債利率應高於近程。我們不知道聯邦準備理事會還會有其它有效的工具，可以扭轉這種「不看好未來」、「惜金」、「物價一定往下掉，為甚麼急著消費？」之消費者的結論。

其實，眞正面臨這世界的問題是虛幻的「全球化」意識形態。說它是（偏頗的）意識形態，一點也不為過。發展經濟只能靠「泡沫經濟」；十年為一週期，就會有一次「經濟危機」。如果這只是十年一次的「經濟循環」也無可厚非，但這週期會越來越短，「寅吃卯糧」，用人工推動需求的後果，會越來越嚴重。不久前，「負利率」只是日本經濟獨有的現象，現在不論在美國、歐陸都看到了。不管任何派別的凱因斯經濟學家，好像不相信熱力學第一定律：能量守恆。某個經濟體系的「經濟能量」都有定值，系統的「需求」不可能令你無限期操弄貨幣政策，達到主觀設想的目標。到頭來「全球化」的全球市場，是種假象和「迷失」。

即使市場的「價格」會有凝滯性，要到達「市場平衡」需要時間，最終還是必須面對「平衡」的現實。一再操控貨幣政策，只會任你能夠操控的「自由空間」越來越小，榮景的週期越來越短，「寅吃卯糧」，累積出來而必須處理的問題，會越來越嚴重。因爲人爲任意介入，市場喪失調和、傳達「信息」的機能。這也爲甚麼聯邦儲備局鮑威爾主席所說的：「任意的負利率會嚴重傷害經濟體系（的市場機能）。」這也爲甚爲日本副首相兼財務大臣當日本經濟非常艱困時，會說：「（當市場機能喪失），納粹黨的國家資本主義，由政府公共建設推動經濟，國家就是市場，由國家公共建設，帶動需求，未必是壞事。」歷史事實是這樣的嗎？羅斯福的「新政」（The New Deal）解決了三十年代的大蕭條，還是延長了大蕭條的苦難時間？

川普總統常把武漢肺炎，比作是911恐攻，或是珍珠港偷襲。遲早，會再進一步，把武漢疫癘的襲擊比作是第二次世界大戰。因此，從今日起，半年、一年、甚至幾年後，爲了收拾殘局，要使「美國再度偉大」，可能要大規模的施行「馬歇爾計劃」。這次是針對美國本身，重建完整的國防安全的供應鏈，不再相信一廂情願、季辛吉主義的全球主義。

美國和他的盟國，必將重組一合符美國利益和國防安全的世界性政經組織。同時，歐盟會萎縮成德法集團。美國可能在東歐、波羅地海、波蘭獲得眞心盟友；中國可能擁有一帶一路的第三世界的盟邦，有如多年前「不結盟國家組織」的集團。聯合國自然分裂，被視爲過時的產物。WTO、WHO、WHA，將會是歷史名詞。

重建的工作就會是新的投資動力，重建新的供應鏈體系。美國的政策設計人士，一定想到這個問題。如果沒有想過，美國政府就不會鼓勵和驅策美國公司回國，也不會政策性的要求他的盟邦往美國投資；例如，台積電所宣佈的在美國亞利桑納州設置最先進五奈米工廠就是一例。這是美國「釜底抽薪」，重新建造世界新秩序的意志和決心的顯示。美國會不會繼續援用現有的錯誤體制，只要不太抵觸美國利益，可以繼續「隨俗」，聽任華爾街跨國公司利益集團的擺佈和綁架？

在武漢疫癘的教訓下，美國對中國的政策如何修正和改變，需要國際政治架構，有巨大的變革。美國新英格蘭州學界、輿論界過時的全球主義，會在政治、社會的現實壓力下，不再是美國思想的主流。左派民主黨的思維，不再是主掌美國政治更替的主要因素。

十一月美國大選，川普是否連任，顯示美國是否有能力跨出第一步。即使如此，美國是否會有二次世界大戰後，對抗蘇聯帝國的新一代政治知識精英集團出現，主領新世紀風騷，開創世界新秩序？川普是否能夠高瞻遠矚，開創世界新局？七年之病，三年之艾，苟爲不蓄，終身不得——這也要看美國的國運和其文化的潛能了！

美國右派保守主義的觀點

2020年6月12日

美國某些「暴民」，藉著警察對非裔殘暴致死事件，街頭抗議混亂之際，闖入商店、放火、打家劫舍。美國民主黨總統候選人拜登對此評論說：「社會總有十到十五percent不是好人。」

一位民主黨領袖居然精準地說出保守共和黨的社會信仰，怪不得他在眾多民眾抗議之下，立即收回評論，並道歉。拜登眞的說出共和黨的信仰：社會眞有動亂，一定有十到十五 percent藉勢藉端，以「社會正義」之名，進行法理不容的勾當。

社會總有十到十五百分比反社會的「壞分子」，改革不了，不管你給政府無限大的權力，有多少「社會改革計劃」，從七十年代詹森總統的「民權法案」、「大社會計劃」，五十年下來，聯邦政府花了多少金錢、心力，幾十年一週期，總會有一次「重大暴動」。

上一次的暴動，1992 年發生在洛杉磯，三名白人和一名拉丁裔警察痛毆一位交通違規、不服取締的黑人，打的鼻青臉腫，卻被法院判決無罪，引發種族暴動。洛杉磯不是被「封城」，而是被「燒城」、搶劫，尤其是平常和非裔相處不佳的韓國城商店街更是首當其衝。韓僑全副武裝、抗暴，大打小型「內戰」，天空冒出一大片火焰黑煙，照亮夜空，像似森林大火，警笛終夜長鳴。這次「我不能呼吸」的種族暴動，以「暴力」而言，和 1992 年洛杉磯比較，算是緩和。

五十年《民權法案》施行下來，結果仍然如此，許多白人內心敢怒不敢言，「夠了！夠了！（Enough is enough!）」，這也爲甚麼（白人）拜登候選人，會不假思索的說出「百分之十到百分之十五」等政治不正確、有失政黨「理性」的話。

「民權法案」五十年，爲甚麼效果那麼差？幾千億、消滅貧窮的「大社會」，爲甚麼仍然打、砸、燒、搶……二、三十年上下，整個社會，都要定時打個「擺子」，國民兵必須上陣？

多年前，美國某自由派大報，曾報導民權法案爲甚麼沒有效率的社會理由，以新澤西州紐沃克市（Newark）爲例，數量頗多的非裔家庭，常是一位老祖母當家，一位女兒和四位孫子（生父不詳），家中沒有支撐家庭生計的男人。一位孫子，聯邦政府月補助八、九百美元，四位孫子，三千多元，一家勉強過活，不致挨餓。家中沒有男人，是因爲政府的「社會局」會半夜突擊檢查，看有沒有男人在家？有的話，表示家裡有人支撐生計，不需政府的「補助金」……長久下來，家庭結構解體，社會功能失靈。

每一次種族平等的「社會革命」，人群都是自動自發，浩浩蕩蕩，令人感動，熱血沸騰，因爲：除了所謂被壓迫的「非裔族群」外，總有代表「社會良心」的大學生積極參與，以及都市型的左派「知識分子」，尤其是主張「種族混合」、「全球主義」以前吃過種族隔離虧的猶太族裔，還有就是從「民權運動」以來，一向尊崇自由主義理想的白人。這些都是美國都市中心經常看到的社會場景，主力都是親民主黨的群眾，不能正確地反映社會的平均常態。

有幾件事必須注意，才能對美國整個社會動向，比較有準確的估算。第一，美國都市郊區化，中產階級從（少數民族）的市中心，往郊區發展。市中心的示威和政治運動，未必能反映美國的民意。美國人口往南部移，南部各州在全國政治的比重越來越大，大工會會員減少，政治影響力日漸衰弱，藍領工人，日漸傾向共和黨，敵視民權運動的歷史，南部白人是共和黨的票倉。民主黨主力在東北角各州向南連結到華盛頓特區附近（維基尼亞州北部、馬里蘭州）以及少數民族集中的各大都會；以及西海岸的三大區，主力是矽谷、好萊塢、洛杉磯郡的「少數民族」、環境保護團體和跨國公司的獲利者。

就美國右派保守主義的觀點而言，民權運動的立法必須約制，五十多年的「大社會」實驗，結果就是如此，再大的政府權力，也解絕不了百分之十到百分之十五「社會人性」的問題。政府再大也帶動不了「經濟發展」的問題：爲了貧富差距不要太大，不是就不要把「餅」做大，何況又要「全球主義」，企業必須面對全球的競爭。

全球主義需要開放邊界，「種族混合論」，加州是未來的美國，白人總數四十多百分比，沒人可以稱作「多數族裔」，未來的美國就是未來的世界。那麼「我是美國人是何意義？」我的本體和文化價值傳承有甚麼意義？以往所謂的 WASP（White Anglo-Saxon Protestant）白人、安格魯、薩克遜、新教徒之說，只要畢業於長春藤聯盟的白人子弟，自然有華府的官場以及紐約媒體、金融銀行機構、法律事務所的好位置等著他，家族、父兄都有綿密的關係；海外一有戰亂，這些良家子弟多數進美國「海軍」，還記得太平洋戰爭時的少年甘迺迪和布希？

怪的是，當民權運動興起，門閥、學歷不再享有絕對的優勢後，這些良家子弟翻轉而成爲民權運動公平正義的主力，帶領風騷，誰說民主黨本質一定是「社會民主黨」？有多少民主黨的金主是華爾街富裕的投資家、社會名流，*Rich and Famous*！

這些當然已成歷史黃花，爲社會進化所不容，那麼「說英語的海洋民族」呢？難道「羅馬帝國」一定要淪爲「東羅馬帝國」，拜占庭化，千年苦守君士坦丁堡，舉目四看都是懷有敵意的異教徒。怪不得美國的右派人士近年來都喜歡看歐洲中古史，尤其幾次「十字軍東征」的歷史，拜占庭帝國歷史和文化是冷門的知識。

全球主義不可行，歷史也不會在資本主義、自由市場、民主政治的體制下終結。眼前的中國就是個鮮明的例子。文明的衝突不會終結，種族主義常是藏在文化主義之中。最反對民族主義的，所謂「工人無祖國」的馬克斯主義，也在三十年代的蘇聯，發殘酷的黨內鬥爭，株連幾十萬人，爲的是托洛茨基堅信全球化的「共產國際」才是馬克斯主義的主流，而史大林是信仰「俄羅斯母親」的民族派，相信俄羅斯民族才會是國際馬克斯主義動力的來源。毛澤東中國共產黨的民族派，鬥倒王明的國際派，是有其背景的。

美國右派看在美國流行多年的「季辛吉主義」，就像看到當年「工人無祖國」的「共產國際」的托洛茨基主義一樣。極端的反猶主義者並不諱言，從馬克斯主義、布爾雪維克的俄國革命、共產國際到季辛吉主義，或多或少是猶太人的全球陰謀，可以問歐洲右派政客，他們是不是也這樣想？尼克森總統當政時，有位非常有名的牧師在白宮內告訴尼克森，猶太人對美國政治的影響力超出比例。尼克森總統答曰他會處理。……還沒處理，尼克森就被鬥倒了，不要天真地以爲水門案件就是個單純的事案件。

川普的「通俄門案」如何雷聲大雨點小。理由是川普把美國大使館遷往耶路撒冷，撤消對伊朗有關核武的和約和強化禁運，令右派以色列總理納坦雅胡非常高興而得意，自然影響東北角自由派的媒體的社論。

川普要使美國再度偉大，必須強化美國的自我本體認同，同時必須拋棄對美國不利，卻對美國敵人有利的季辛吉「全球主義」。重新建立新的同盟和世界新秩序，地球不是平的，而是有層級的，國際政治如此，金融和貿易政策也是如此。

美國會立即拉攏英國、澳大利亞、紐西蘭和加拿大（說英語民族），以及波蘭、波羅地海四國、烏克蘭、捷克（有被外敵入侵和奴役的歷史），以及海洋國家（日本）。新世界秩序開始於四集團鼎立（中國、歐盟、俄羅斯和美國集團），再看誰的制度對，氣長，增減損益，假以時日，壓力測試，優勝劣敗，新的世界秩序自然形成，不要不經心，任意受 CNN、《紐約時報》、《華盛頓郵報》、以及民主黨左派自由主義的影響：一個嚴肅的問題：到底是誰在一廂情願的全球主義下，把中國共產黨養大，養虎爲患，不是嗎？美國右派保守主義會這樣持續地問！

今日的中共是誰養大的？

2020年7月10日

首先，要問的是今日的中共是誰養出來的？西方的左派社會主義者、激進自由主義、全球主義的宣揚者都難辭其咎。

老虎養大了，反噬而被吞食變成要面對的危機，猛獸證明不可能被「和平改變」。你能期待這些一厢情願的理想主義者能拿出辦法？首先，他們認爲「扣喉」的警察暴力，比新疆唯吾爾族承受的種族清洗，更侵犯人權，喪失人性？美國和歐洲的大都會的是知識分子、民權主義者，爲少數警察暴力的「種族主義」而大示威，那麼有系統的被摧殘數百萬維吾爾人，有誰爲他們申訴呢？

港人民被剝奪最基本的人權，他們被殘暴對待，何止「扣喉」，西方有持續大規模的街頭示威馳援嗎？你會驚異德國的梅克爾首相會如此說：「這是中國人自家的事？德國爲甚麼要對香港人民，施以援手？」對德國最重要的（不便說出口的）是中國市場！

武漢肺炎令全美國水深火熱，中國的隱匿、不公開透明、WHO 爲中國護航，致全球疫癘一發不可收拾，孰令致之？川普總統明年七月退出 WHO 的決定是剛好而已。沒想到，民主黨候選人拜登，立即聲明十一月他若當選，要立即再加入 WHO，全球至今確診近一千二百萬，死亡五十四萬多，中國、WHO 都沒責任？難道拜登要怪罪自己家族在中國的基金，沒有投資疫苗發展的錯？只要能不動聲色地賺錢，拜登家族會在乎？

許多人會立即想到二次世界大戰前夕的英國首相張伯倫，他縱容希特勒併吞奧地利（日耳曼民族的家內事？），和他出賣捷克所簽屬的慕尼黑協定，相信被縱容的野獸就此滿意！今日的中共比當時的納粹更可怕，他是鑽進牛魔王肚子裡的孫大聖，可以操縱和左右美國民意，有多少媒體、跨國公司的利益團體已被收買或利慾薰心，而牛魔王仍然庸愚自得，牛魔王不再偉大，誰會再偉大？

不像二次世界大戰後，西方和蘇聯間的冷戰，西方的知識分子是清醒的，即使左傾反法西斯，參加西班牙內戰的喬治・歐威爾，反封建、反殖民、國際主義，夠左了吧！卻明白「法西斯」和「布爾雪維克」無異，他的《動物農莊》、《一九八四》，不幸在某亞洲大國實現了！

俄國革命後，西方的資本家，爲市場著想，利慾薰心，提供俄國共產黨資金援助，列寧當時說出他的曠世名言：「西方資本家提供給我們一條繩子，我們得用它繞緊資本家的脖子，把他們懸吊起來！」——歷史是會重覆的，誰說殷鑑不會再次捲土重來？

悲哀的是，二次大戰後，東西冷戰間，西方的知識界是清醒的，明白這是文明價值的抉擇；今日西方世界，昔日典型不再，像是打 1775 年美國獨立戰爭只是一群懂得放槍、充溢鄉里情誼的農夫民兵們，那些受「啓蒙時代」教養的精英階級都不見了，如此，偉大的獨立戰爭會淪爲何等景象？

今日西方世界精英「因左而失能」，「因左而虛無」，目光如豆：中共是幸運的，對手如此，長江上游再大的雨量，三峽大壩絕不會潰堤，只要二十四小時洩洪，管你下游水淹到四樓，是天災誰說是黨禍？黨又沒有禁止你逃難！只要《國家安全法》訂定，誰敢抗議「水深火熱」？

美國的國族認同和全球主義

2020年11月14日

如果你以爲新近的美國大選只是支持川普和反川普間的對決，你的看法會過於浮面。如你認爲這是左、右派勢力的對決，稍近事實，但仍難窺全貌。

設想控制主流媒體、金融和學術團體、新興科技和社群媒體的利益集體、好萊塢和運動界的名星和球星，全面孤立和圍堵下，一位粗暴、四處樹敵的地產商人，居然會有近半數美國人的支持和擁護。要不是武漢肺炎疫癘的襲擊，誰敢說川普連任不會成功？

民主黨選戰打的那麼艱苦，甚至被人恥笑「勝之不武」，孰何致之？這絕不是Vermont州民主黨聯邦參議員桑德斯所說的，民主黨放棄了傳統支持者藍領勞工，只專情於東西兩岸科技新貴和大企業的利益，所造成的後果。

事實上，民主黨早就放棄了傳統龐大的支持者：南部各州的白人。七十年代迷惑於「民權運動」的政治新奇和理想主義，南方有種族主義傾向的南方白人，飽受批評。給予共和黨尼克森總統絕佳的機會，採行「南方策略」（Southern strategy），轉變共和黨成爲南方白人的支持者，南方文化的守衛者，拋棄共和黨在東北角各州所謂的「洛克菲勒自由派」。尼克森可稱爲難得見的政治天才，一手改變美國的政治生態和版圖。

外人看美國歷史，以爲美國南北內戰只僅是「解放奴隸制度」的內戰。內戰不只是蓄奴或不蓄奴的問題，也顯示南北文化各有各的特質。「I have a dream」，南方白人也有他們的 dream，保持他們的鄰里、親族、尚武、農村、莊園的精神，不受北方都市化、工業化、人和人的新關係，歐陸傳來的的「意識形態」。福克納的中篇小說《熊》，描繪一位十多歲少年郎跟著家族長輩、親友、鄰里一同出發狩獵一隻龐大無比、氣力和聰明非凡的熊，以表達出南方本土文化。

南方白人認爲這才是美國本土精神應有的發展。這是想望，顯然被南北內戰的失敗而被擊潰。權力、性與自我混亂，導致多種類似「自殺」的惡果，這是廣泛性的文藝主題。喪失權力，因而對自我迷惘，只能在性上尋找慰藉和祕密出口，我們常在電影上看到「春秋正盛」的南方寂寞婦女，守住一大莊園豪宅，男人外出爲地方上的小小權力陰謀和利益爭鬥，然後午後來了一場滂沛的驟雨，男人和女人的世界都出了問題！

田納西威廉的戲劇《玻璃動物園》、《慾望街車》，都有這樣的暗示，我們不應該解釋成性的壓抑，而造出個人本體的恍惚和弱化，而是外頭的世界權力喪失，倒致自我的喪失。尼克森的「南方策略」把南方白人重新帶入政治主流，競逐眞正的大權力，重新尋找南方本土的文化精神而不是來自歐陸的「意識形態」。美國的南北內戰還未結束，接續的是美國的文化內戰。

從美國本土右派的觀點，美國獨立就應該是孤立，脫離歐洲大陸的混亂、衝突和流血，「門羅主義」是十九世記主流的政治思考。威爾森總統的理想主義，加上新國家的血氣方剛，總要對外試試自己有多少氣力，捲入第一次世界大戰，猛然發現自己是世界強權之一，這到底是幸運還是不幸？

既然自己是強權，雖然還不到唯一，美國樸實簡單的這一套，顯然有自己的優點，帝國的滋味很甜美，歐陸所經歷的意識型態鬥爭和社會流血革命，不足爲訓，美國不需要歐陸意識形態那一套。

要等到擊敗納粹德國，第二世界大戰勝利後，面對軍事超強的蘇聯帝國，更有一套高知識性的意識形態思想裝備，美國要圍堵共產帝國的擴張，進行所謂「冷戰」，面對高度知識性的「意識形態的戰爭」，美國的準備是單薄的，是抓襟見肘的。

美國沒有像歐陸發展出「奧地利」學派，對馬克斯主義的批判，給予思想界和群眾一套成功的免疫系統。因爲國際政治需要，當個反共產主義、自由世界的領導者，不得不急就章的尋找另種一全球主義的「意識形態」作爲對抗。用左派的社會民主對付極左的共產主義。美國不需要自行發展自我的政治哲學本體，而是引進另一套左派「全球主義」。事實上，美國沒有足以對抗共產國際的思想傳統，眞正打敗蘇聯共產帝國的是「市場經濟」：「市場經濟」擊潰「計劃經濟」，不是新左派、普世價值的「民主世界」，擊敗「工人無祖國」的共產國際。

三十年代的史達林已瞭解「共產國際」的全球主義，工人無祖國，成事不足，因而整肅全球主義、共產國際的俄共黨內的托洛斯基派。托派是有老布爾雪維克、全球主義、種族混合的猶太族裔的強烈色彩。若沒有強調「俄羅斯母親」的俄共，能擊敗爾後希特勒納粹德國對蘇聯全境的攻擊，實在令人懷疑？

美國在意識形態鬥爭上，先天不足。例如，越戰期間，對抗國內左派運動的興起和共產黨的滲透，只能稱敵人進行「非美國的活動」（un-American activities），那麼美國的——美國的主體信仰是甚麼？有沒有有馬克斯主義那麼清楚的表明？這在反越戰、反軍工混合體、反文化的運動中，到底美國本體是甚麼？永遠是疑問。反對（建制）

文化的美國新左派，在那澎湃而動盪的歲月裡，到底留給後世多少經典名作？

作者不敏，只記得當年暢銷的兩部書：一部是《新工業國》（*New Industrial State*），主題大概是指工業集團若系統化，必然能自我生存和壯大，沒有所謂自由市場的競爭；另一部是《新知覺》（*New Conciousness*），把美國歷史發展，依知覺的深度，分成幾個段落，當然反戰、反文化的運動是最進步的新知覺年代。今日有多少新生代記得當年盛名的「學生民主社會聯盟」（Students for a Democratic Society）和預報未來新世界的「氣象人」（Weatherman）組織。

在那個年代，最能代表美國文化缺乏自我主體的莫如民主黨詹森總統的政策。他說，經濟學家（當然是指凱因斯）已發現經濟發展的永恆祕密，所以我們可以在越南抵抗共產主義的擴充，花費軍事費用，藉此刺激經濟發展，經濟發展的良果，更可提供我們對貧窮宣戰，實行我們「大社會」計劃的資源。我們實在不好批評詹森總統「無知」，因爲今日的美國民主黨的黨施政綱領，和詹森總統有很大的差異嗎？

美國老布希總統在蘇聯潰敗之後，自大地說，美國是唯一的超強。國務院高級政治顧問某學者說「歷史已經結束」，更著書宣稱往後是美式自由民主的歷史，轟動全球。這二十年來的歷史進展，證明這些美國政治領袖和智學者的無知和自大。

從歐債危機、英國脫歐，南海爭霸，武漢肺炎疫癘橫行，全球束手無策，證明地球是平的，「全球主義」只是個神話。誰能用「自由貿易」來組織全球秩序，維持和平？第一次世界大戰前，英國和德國的自由貿易，出奇的好，前所未見，然後呢？自由貿易不會解決它所引發的各類嚴重問題。

自由貿易的全球主義是個神話，是新「既得利益集團」編織的新神話。我們甚至可以說全球主義早已是過時的「意識形態」。我們期待的是全球有傳達和表達的自由通路，不是不顧個別價值、信仰、生活方式，而製造一大集團，個別國家被迫生活其中，因爲要屈就於自由貿易所帶來全球主義的假象，甚至要容忍「草人借箭」、「陳倉暗渡」的「新共產國際」？

例如，貿易自由若造成國際間戰略失衡，而引發各國國家安全的隱憂，怎麼處理？貿易自由若有利於某一國度，有害另一國度，如何平衡？甚至有利於國家某一階級，傷害另一階級，各國政治上怎麼處理？難道要開放邊界，讓在本國無法生存競爭者，到另一國度尋找新生，移民自由化？疫癘横行的國度，可以封城，而讓自家人民帶著病毒自由出國，可以內進外出，無所管制，以鄰人爲壑？

今日的美國當初追尋獨立，就是要孤立，脫離歐洲大陸的壓迫、混亂、衝突和流血，「門羅主義」是主流的政治思考。威爾森總統的理想主義，加上新國家的血氣方剛，總要對外試試自己有多少氣力，帝國的衝動，捲入第一次世界大戰，猛然發現自己是世界強權之一。既然自己是強權，雖然還不到唯一，美國樸實簡單的這一套，顯然有自己的優點，歐陸所經歷的意識型態鬥爭和社會流血革命，不足爲訓，美國不需要歐陸意識形態那一套。

要等到擊敗納粹德國，第二世界大戰勝利後，面對軍事超強的蘇聯帝國，而且裝備一套高知識性的意識形態。美國若要圍堵共產帝國的擴張，和對全世界的進逼，進行所謂的「冷戰」，美國是毫無準備，抓襟見肘。對抗國內左派運動和外敵的滲透，只能稱敵人在進行「非美國的活動」（un-American activities），那麼美國的——美國的主體信仰是甚麼？有沒有像馬克斯主義那麼清楚的表明？

這在反越戰、反軍工混合體、反文化的運動中，到底美國本體是甚麼？永遠是疑問。反（建制）文化的新左派在那澎湃而動盪的歲月裡，到底留給後世多少經典名作，足爲天下法？作者不敏，只記得當年暢銷的兩部書：一部是《新工業國》（*New Industrial State*），主題大概是指工業集團若系統化，必然能自我生存和壯大，沒有所謂自由市場的競爭；另一部是《新知覺》（*New Conciousness*），把美國歷史發展，依知覺的深度，分成幾個段落，當然反戰、反文化的運動是最進步的新知覺年代。

今日的全球主義必然要基於「移民自由化」，接納移民不只財政的負擔，更要承受外來移民宗教信仰、文化傳統、生活習性對本土文化的衝擊。即使高度自由和文化融合的歐盟，能承受起各式各樣的衝擊，連婦女穿著、面罩，都是爆炸性的社會問題？問問最富有、最反右（因爲歷史因素）的德國公民，他們承擔得起？問問自由、平等、博愛的法蘭西，當有人因爲畫個漫畫，博君一粲，就有可能因對「先知褻瀆」而被移民用大刀在大街上，公然砍下頭來時，他們作何感想？容忍比自由重要？

全球主義行不通，也對美國不管是商業、軍略上非常不利，這會逐漸成爲多數美國人民的共識。雖然會有許多人反對這種認識，我們倒可稱之爲「川普主義」（Trumpism）。川普認爲必須透過美國本土、右派保守人民的覺悟，建立國族認同，美國優先；其它國家若政治價值觀類同，美國才有可能透過雙邊經貿、政治關係，逐漸建立全球秩序。

這是川普所代表美國本土保守派人民對全球主義的態度。這是新興起的美國政治運動。民主黨的全球主義像似沒有拉丁文化、羅馬法、羅馬城、羅馬軍團的羅馬帝國，這種帝國可以生存嗎？有人說美國加州正進行第三世界化（加州沒有多數民族，白人只占百分之四十幾），加州就是未來的美國。民主黨要的是沒有美國的新羅馬帝國，這是季辛吉主義，猶太裔家族掌控下的 CNN、*New York Times*、*Washington Post* 以及多數大電視媒體所認同的美國文化和歷史命運觀。川普和共和黨要的是有美國存在的新羅馬帝國，有此帝國，倫理、政治價值一致，世界才有眞正的秩序，因而被敵手汙名化為種族主義者。對此如何選擇，美國人會做決定，不一定就在此次美國大選。天佑美國，期待美國下次選舉，美國人的智慧會有所增長！

美國的右派力量不會退潮！

2021年1月10日

美國右派民眾攻入國會大廈，左派媒體當然唯川普是問，說這是川普言論煽動下的「叛變」，陪審團還未出現，就先判決川普有罪。

更怪異的是所謂社群媒體，不准總統發言，取消他的帳號，嫌疑犯總該有公開自我辯護的權力，不是嗎？這是哪門子的民主殿堂，守護言論自由的重鎮？裴若西議長、拜登新總統，您們說是嗎？

是右派「暴民」的闖入，使得USA變成「香蕉共和國」，還是胡作非爲的極左派和社群媒體從大選開始，就刻意限制信息的自由流通，以他們的「意識形態」當作「公議」，扭曲人民的意見，重傷美國的立國精神，使得美國的民主政體變成五元一斤的劣質香蕉！國會是不是該成立個「特別檢查官」，先檢查極左派報紙和社群媒體，包括

CNN、*NY Times*、、*Washington Post*、Facebook、Twitter 等「顛覆國體罪」，再來檢查川普所謂的「叛國罪」！

快上任的拜登總統更是離譜，他居然控訴守衛國會的（白人）安全人員，因爲右派暴民都是白臉孔，因而執法特別寬容而釀出此次大禍！若要嫁禍，乾脆就說這些右派都是KKK和其同路人；反正主流和社群媒體都在你們民主黨手中，要怎麼抹就怎麼抹。幸好（或是不幸的），此次陣亡的所謂「暴徒」有一位是退役的空軍女性軍人，看來沒有人敢懷疑她的愛國！

另外三名「陣亡」人士的身分，主流媒體遲遲不公佈，難道大選還沒完，公佈會影響大選的結果？主流媒體不但不公佈右派的「英烈」，卻造謠，製造假新聞，說也有一名警察陣亡，難道這就是所謂公正的「平衡報導」？

美國的右派力量不會因此退潮！甚至若是不幸，潮退的更遠更久，就是大海嘯來臨的前兆。眼前的「Stop Steal」的吶喊，針對只是總統的職位，如果吶喊演變成「Stop Steal USA」的怒號，我們將會看到和七十年代反向的「民權運動」和反越戰式的「群眾動員」。從歷史眼光來看，引發南北內戰的地緣政治和文化鬥爭並沒有結束。七十年代的「民權運動」想解決的種族問題，反而使種族問題更形嚴重；數十年來的努力，到底換得了甚麼？許多白人會說「夠了！夠了！」（Enough is enough!）

南方的本土文化：獨立和尚武精神，親族和鄰里間的關係和感情，因內戰的失利而敗亡；強加予其上的是北方工業發展、都市化、以及外來的左派意識形態，高據政界和學界的殿堂。本土的文化被鄙視、輕忽，從來沒有受到重視和尊崇。不要忘了獨立戰爭是由和「南方佬」同樣心態的農夫們打下來的。

想想看打勝第一次和第二次世界大戰，而帶來美國世界霸權的是成千上萬的質樸、草根性的士兵，不是深文周內、自以爲是、外來的全球主義、種族混合論的「意識形態」。二次大戰後，一位德國軍人回憶，他最難忍受的是德軍是被一群嚼口香糖的士兵們打敗的。你若能瞭解此種歷史情緒，你就能多少瞭解德國梅克爾夫人內心底層的反美種子。

歐洲的右翼力量，老把「共產黨」和「猶太主義」聯在一起，理由是老布爾雪維克的成員有多少是猶太裔。這是歷史不公正和錯誤的聯結。但美國的右派人士會這樣說：「美國的主流媒體、華爾街的金融建構和誇國科技公司，都屬於或被控制於某族裔手中。」某族裔寄身於民主黨上，取得「共生」的效用，而飛黃騰達，政界人士誰敢與之爭鋒對抗？

美國的政界人士都懂得這道理。川普總統選前敢冒大不韙，惹怒阿拉伯人，把美國大使館移往耶路撒冷；並取消和伊朗的核子協定，舉世皆知伊朗是以色列的最大敵人。川普這樣做，是要拉攏和取悅猶太勢力，消減其對民主黨的支持。民主黨內猶太和非裔勢力是有矛盾的。非猶即非，川普對猶裔的「美意」換得非裔更強烈的「敵視」。克林頓夫人問鼎白宮的失敗，有人歸之於非裔投給她只有百分之七十多，不如歐巴馬的百分之九十多。爲甚麼選戰末期，拜登頻頻要歐巴馬站臺協助，卻迴避克林頓夫人，他如何選擇他的副總統，此間是有政治計算和深意的。我們無妨看此次大選非裔對拜登的支持是否恢復百分之九十多的「集團性投票」。有件事此時就可以肯定：猶太裔對川普的支持不可能增長太多，因爲對猶太集團而論，在中國的商業利益太大了！

可以預期將來的美國右派力量會以「鄉村包圍城市」的戰略，讓「武漢肺炎」來考驗大都會的，例如洛杉磯和紐約市，非裔群眾和猶太裔知識分子的政治智慧。試看拜登有多少能耐，應付來自國外或許是意外的生化戰爭？就讓拜登新政權對中共的綏靖和軟弱，換取媒體新貴和華爾街金融集團在中國的龐大利益。若因此經濟發展受阻而敗落，而令廣大中產和低產人民受苦，美國右派因而更能擴大其草根基礎。

美國右派力量是不會退潮的：Who am I? Am I an American? 還是他們才是！這個疑問在，美國右派就會長存。美國右派要不淪爲「長槍黨」的民兵組織，最需要的是文化和歷史的提升，找回自我的本體論述，而不是由外來的「世界觀」強加於其上！這需要新的歷史論述和文化建構。二十世紀的「羅馬帝國」不論爲新的拜占廷式的「東羅馬帝國」需要努力。羅馬帝國全盛時期，奧古斯都皇帝臨政時代，地中海沿岸的人民，不管他懂不懂拉丁語，都知道，有個羅馬，有位羅馬皇帝，有個參議院，有個羅馬軍團，有個羅馬法，它們能保障地中海沿岸人民的安全、公正、繁榮和無憂慮的日子。當美國右派有人高呼「美國第一」時，是不是有人知道羅馬帝國千年歷史中，有歷史學家是這樣記述著眞正光榮的時代！

嘗試游過海峽的漢子

2021年6月19日

他游著游著，回頭一望那個漁港市鎮的燈光，漸漸昏暗，仰頭一看前方海面越來越漆黑。這是個沒有明月的夜晚，手臂划著划著，熱燥的身體開始冰涼下來，令人疏坦，四肢一放鬆，就想起了睡覺。

猛一不經心，居然喝了一口海水，嗆的喉嚨發麻，這是海水，可不是開水，一有警覺，又喝了第二口。「水！水！水呢？哪裡有水！」連口水都乾了，喉嚨又要咳了，不自覺喝了第三口，趕快「漂浮」，爭取時間；但是手腳再也不聽話，雙腳直往下沉，海水不只往嘴裡灌，連鼻孔也進水，回頭一望，雙眼再也看不見遠方的燈光！

首先遇到他，是在北邊的大學鎮裡。專門租給學生樓房的頂樓上，所謂頂樓只是水泥平臺，四週圍以短短的磚塊（準備日後加蓋用的），在一起談天的有四位：大哥

（有個響亮的名字）、二哥（就是游水的那位）、加上和徐某談得來的小哥。小哥想引進我認識這些學校裡「草莽英雄」。話剛談數句，只見二哥臉往一個塑膠袋塞，強力地吸。徐某當年天眞無邪，不知江湖世事，只好奇地盯著看，他到底在吸甚麼？……突然二哥抬起頭來，目光迷離，對著徐某吼道：「你在看甚麼？你不知道老子在幹嘛！」……大哥不愧爲大哥，立即插口道：「老二你多心了！人家只是在看你的吸法和他有何不一樣！」然後示意小哥把徐某帶下樓。

一下樓小哥就對我抱怨：「你沒看過吸食強力膠？最忌諱別人盯著看，一吸食頭腦就迷糊掉了，再有人盯著看，是會出事的！」然後小哥帶我到他住處，把大哥、二哥的「英雄往事」娓娓道來。當年臺灣校園發生過一件大案，從北到南，各處校園的（地下）學生團體，祕密串連在一起，聯合開會，我們學校的代表就是大哥和二哥。人家「對匪鬥爭」近百年，豈是省油的燈。時機一成熟，開始收網，出席「聯席會議」的大哥、二哥和其他出席代表，就被請入「招待所」。

幸運的，大哥的父執輩是老國會的代表，又有「青幫」的關係。「招待」兩個禮拜後，就被請出，某位官員對他說，你的良心未泯。原來在聯席會議裡大哥一直反對「顚覆政府」。大哥對小哥說，他被放出來的時候是清晨，走出大門，第一道曙光就照在他的臉上，他的淚水不自覺湧滾而出。二哥就沒有那麼幸運，沒有父執輩的呵護，他被迫或自願修讀了近一年的書，才被請回。

哥兒倆再相見已是近一年以後的事了。二哥還是亦步亦趨，跟著大哥，兄弟以往的意氣風發不再；大多時，多是沉默不語，身旁也不再跟著一群小嘍囉。吃飯時也不再集體用餐，餐盆也不再吃得乾淨俐落，一粒米飯不見，無產階級革命精神的鍛練。

小鎮街頭上的「政治文化」是徹底改變了，新的時尚開始流行，尤其是年末聖誕節日，不管是公開、半公開、地下的舞會，總會有一小群 storm troops 闖入，大聲吆喝「洋奴」、「洋鬼子」、「洋腿子」、「不愛國」！令與會紳士淑女，錯愕生氣，浪漫神聖的氣氛就此被破壞掉了！學校的教官們倒是私下歡迎，這是好的「鬧事」，至少他們不必在 silent night、報佳音的時刻，會同管區，幹些令人生厭，抄名單、檢查學生證的任務。

文化的丕變，連街頭上的野狗群們也感受到文化的改變，他們往昔的太平日子不再，誰說的「書生造反，三年不成」！三年不成，他們會另闢蹊徑，街頭上開始有新的革命，有一群所謂人類的「異類」不時在街上突襲他們，一哄而上，拳打腳踢，不幸走避不及的同胞，口吐鮮血，被「異類」帶到他們的巢穴，凌遲分割，烹而煮之，從此下落不明！

二哥乘桴浮於海而不歸，學校和治安機關是歸之於「意外」。小哥倒是有次相聚時，表達他的看法：「二哥吸食太多，腦袋壞掉了；又吃了太多肉，身體熱燥。」有人跟他說二哥的手腳黑毛越來越多，胸毛鬚毛也越來越茂盛，身體也發出一股強烈的體臭。下海前二哥好幾次對小哥說：「人家七、八十歲老翁也可以泳渡長江，何況二、三十歲的年輕漢子！」英吉利海峽不是被徒手游過去了嗎？他是相信「朝辭白帝彩雲間，千里江陵一日還」，臺灣海峽算甚麼？

某次回去學校，街頭上，多隻狗大爺慵懶地躺著，露出肚皮，瞇看著路過的學生群，不著一眼，似乎在說這是何人何家天下？誰怕誰來著？萬物皆有靈性，各遂其生，有甚麼了不得的「大道理」，要互相傷害？或許他們是在遙想當年，街上不時出現毛手、毛腳、毛胸、毛鬚的一群「怪物」，身上居然發出他們熟悉的氣味，隨機殺戮他們的同胞，眞是「恐怖世代」！幸運的只是短短一年不到，不是漫長歲月！

至於大哥畢業後的下落，小哥告訴徐某，他到對岸經商，當然不是游過去的！

這名痞子要入美國籍了！

2021年11月5日

政論節目某名人，挨告加重誹毀被訴，上月20日地方法院開庭未現身，檢方申請「拘提」，檢方當然拘提不到此人，因爲當事人全家已經安然到達美國。以被蔡政府「追殺」爲由，委託律師申請政治庇護，入籍美國。

他哪需要美國庇護，政治庇護甚麼？表面上冠冕堂皇，實爲識者所笑！他的太太在美國灣區華語電視臺，工作多年，至少有綠卡或是公民身分。美國司法部，依法行政，一定會給其居留身分，夫以妻爲貴，有了身分，自然就可入籍美國，哪需要「自我吹捧」的政治庇護，好像他是臺灣絕無僅有的「政治良心犯」。他當美國人的途徑，一定一路順暢——除非有人向美國司法部舉報他是共產黨，或是「爲匪宣傳」的共產黨同路人。

「臺灣眼睛」電視臺的董事會，若肯公開帳簿，就可清楚這段所謂他受迫害的「公案」的原委。這名痞子是否每年向電視臺要 7,500 萬，董事會當然要精算是不是貨如所值？自己不夠力，市場不得寵，不爲夠多眾人所認同，卻怪某人手伸得長，動用國家機器，令他壯志不得伸，士可忍孰不可忍，就張口亂咬，咬了幾年！

如果某要人當時有這樣的政治能量，哪會有喜樂島、民調幫，每天晚上那會有一陣砲火的政論攻擊；哪會有五大老、御史大夫、八家將，和有那位和人共飲竹筒鴛鴦酒的縣長？哪會有「願賭服輸」、「不堪一擊」、「知所進退」之說？哪有可能容忍其人那幾年荒誕異行，以敵爲師，把自家人當作「首惡」和主要敵人？

要不是民進黨及時覺悟「同額競選」的錯誤，立即修正僅限電話民調，引入手機，令年輕世代有機會表達他們的意見，近幾年來，民進黨、中華民國臺灣，會是何等落寞淒慘的「光景」？若如此痛定思痛，實在令人不寒而慄！老天爺眞的保佑過臺灣！

臺灣人民不會打落水狗，但會與人爲善，冷眼旁觀看其游向對岸。有人一上岸，還未抖落水珠，就返身狂吠，誰會是他首要敵人，大家都清楚。國民黨、共產黨樂得有位帶槍投靠的，effectively，的同路人。大家都想聯合次要敵人，打擊首要敵人，連美國毒豬都出籠了，不是嗎？

冷眼看這痞子，打著臺灣名號反臺灣，腿子仍然會被認爲是英雄一條？需要美國政治庇護的臺灣「孫中山」，是不是要開始《美國蒙難記》的第一章？一定會繼續說人家學歷是冒牌的、不是純種的，臺北政治界傳聞人家的利劍，還未出鞘呢，殺雞豈用牛刀？——stay tuned，且莫離開！

中國國民黨如何傷害中華民國

2021年11月17日

臺灣的新世代一定對民國三十八年前的中國國民黨不感興趣。但是，我們不得不回顧民國三十八前的「中國國民黨」，才會知道他們的「黨性」和自我宣揚的「黨的靈魂」是甚麼？才會知道民國八年改創的「中國國民黨」爾後是如何的傷害「中華民國」。

中華民國之所以能成功建立，孫中山也承認是「時勢使然」，絕不是老「國民黨」的前身，興中會、同盟會全部的功勞。帶動「武昌起義」的是「四川保路運動」，由「立憲派」主導的，不是革命黨。中華民國創立，行的是「國會的政黨政治」，從興中會、同盟會和聯合其它政團，改組而成的「國民黨」是其中一員，國旗是「五色旗」，因爲是「五族共和」。

初期中華民國國會政黨政治運轉不佳（臺灣選民應該不會奇怪），給予袁世凱大總統有機可乘機會，公認謀害國民黨的國會領袖宋教仁，叛國而成立「洪憲皇朝」。老國民黨遂行「二次革命」討伐袁世凱，兵敗，孫中山等流亡日本。

眞正推倒八十餘天壽命的袁世凱皇朝，是在雲南起義的蔡鍔將軍的護國軍，全國響應起義。蔡將軍是立憲派梁啓超在湖南時務學堂的學生。蔡將軍激勵全軍的口號是「爲國民爭人格」（有人格的國民，才會有民國）。袁世凱見勢不可爲，取消帝制，羞憤而亡。從武昌起義到倒袁成功，歷史證明能改變國運，未必是用革命手段。

二次革命失敗後，孫中山似乎已對國會的政黨政治失掉信心，曾稱國會議員爲「豬仔議員」，創立「革命黨」、「中華革命黨」，民國八年再改創成「中國國民黨」；南下廣州「護法」，成立「軍政府」、「大元帥府」，開始南北對抗。中國國民黨一向喜歡談「統一」，從歷史看來，又好像不是那麼一回事。

民國八年上下，政治思潮開始很大變化，首先因爲歐戰結束，凡爾賽條約把戰敗國德國在山東省的利益讓度給日本，激發愛國學生抗議的「五四運動」，罷工罷市，延燒成反帝國主義運動。民國十年中國共產黨成立，研究馬克斯主義的文人，轉化成政治團體的政客。民國十二年孫中山和共產國際越飛發表共同聲明，確定「聯俄容共」政策。共產國際給予中國國民黨大量軍火和財政援助，並派出鮑羅廷和軍事顧問團，幫助中國國民黨依俄共組織改組國民黨，並成立軍校和黨軍，策劃北伐。

民國十三年上下，中國國民黨開始「質變」，俄羅斯共產黨化，中華民國歷史步入「二千年未有之變局」。「俄共化」開始在哪個時代？始作俑者是誰？你我心知肚明。

孫中山不是先知，也不是神祇，他只是歐陸十九世紀末、二十世紀初的典型左傾社會主義分子。在自由民主環境成長的臺灣新世代有此認識，應不太難。孫中山把共產主義、共產國際，當成他的時代的新希望、米賽亞。在他的「三民主義」演講中，每談到共產主義，就以中國國民黨能跟上這時代潮流而得意洋洋。

我們現在還再復誦「革命尚未成功」，這個「聯俄容共、工農革命」是如何傷害中華民國？讓都市型的知識分子有和工農群眾接觸學習、認識土地社會問題、運動群眾、實踐意識型態、以民爲芻狗的機會。

北洋、國民黨和共產黨的軍閥內戰從此跳躍成有關信仰的「宗教戰爭」。有限度的俗世利益戰爭，演變成無限上綱的的宗教信仰戰爭，群眾必須動員，人民必須受壓制、洗腦，異端必受裁判，無人可以脫逃——這不是現代俗世社會政治文化應具有的本質。

當然中國國民黨內還有明智之士，在「清黨」之後，努力扭轉所謂「聯俄容共、工農革命」所造成的激進左傾逆流。黃埔系和非黃埔系泛國民黨軍閥間的戰爭，動員百萬的「中原大戰」結束後，勝利的蔣介石採用「政學系」楊永泰的「三分軍事、七分政治」、「攘外必先安內」，對「中央蘇區」的共產黨進行五次圍剿，逼得紅軍突圍，當起流寇，踏上二萬里「長征」之途。這是中國國民黨的歷史機會，轉變成「反共」的右翼政權，爾後假以時日，再轉化爲現代的保守主義的政黨。

民國二十五年，楊永泰在湖北省主席任內被刺，據傳是國民黨內 CC 派特務所主使。數月後，「西安事變」發生。史達林救了蔣介石，國共再度合作，國共一家親，槍口對外。對日八年抗戰是民族大義，代價是讓中國共產黨坐大，席捲大陸。毛澤東說要感謝日軍侵華，共產黨才有這個機會；蔣介石說中日全面大戰是兩個民族間的悲劇。不管如何，中華民國再度受創，只得退據臺灣。

臺灣的新世代多數不會對民國三十八年前的中國國民黨在大陸時期的「豐功偉績」感興趣。在臺灣的中國國民黨朱立倫主席洋洋得意發表他的「中華民國史觀」來揄揚中國國民黨對中華民國的「偉大貢獻」，他似乎在說，沒有中國國民黨就沒有中華民國。

你我可用點歷史想像力，假如沒有中國國民黨，沒有孫中山，沒有聯俄容共、工農革命，中華民國會不會好過些？民國初年，人民和媒體敢對中華民國北洋政府提出要求，釋放五四運動被關在北大法學院數百名學生，北洋政府只能接受；你我可接著問六四機槍下的亡魂，他們有這樣的幸運嗎？問問反送中的香港學生他們可以不在《國家安全法》陰影下，思想和生活，不怕被逮捕嗎？誰敢問維吾爾人，他們生活是他們要的嗎？

在臺灣的新世代對民國三十八年前中國國民黨在大陸往事不會感到興趣，學習只是因爲歷史可以幫助他們瞭解在臺灣「白色恐怖」的時空背景，是不是因爲國共鬥爭的延續，中國國民黨在臺灣存在的理由和價值是保衛多數人民希望有的自由民主的生活方式，而不是中國國民黨在大陸幹了甚麼豐功偉績，還是狗皮倒灶的事？是不是好事作盡，壞事也幹了不少，罄竹難書？

可憐的中華民國被中國國民黨傷害過好幾回；例如，爲了保衛中華民國，多年前軍購盟國答應的十艘潛水艇，卻被中國國民黨和其同路人硬說成「軍購凱子」，在立法院用了近百次杯葛和反對硬把軍購案弄死。今日則用「萊豬」公投，破壞對美外交以及阻斷臺灣進入多國的自由市場組織。看來中國國民黨效忠對象仍然是「中國」，僅管她是「中華人民共和國」，而不是二千三百萬人的「中華民國」第二共和。「反共」對他們來說，只是P話！

誰在乎今日的中國國民黨是戰鬥的，還是非戰鬥的，有沒有黨魂？殷鑑不遠，史蹟斑斑，中華民國在臺灣的第二共和命運，一定會平和與燦爛些，只要你我能多注意中國國民黨內部一群想和共產黨一鼻孔出氣，想當「堂堂正正中國人」的歷史遊魂，幻想他們還可在廣州再次誓師北伐，是嗎？「對日抗戰」還沒結束呢？革命尚未成功，同志仍需努力，繼續戰鬥下去！

國家圖書館出版品預行編目資料

城邦與帝國：兩種文明的選擇／韓非著. —初版. —臺中市：白象文化事業有限公司，2022.8
面；　公分
ISBN 978-626-7151-18-1（平裝）

1.CST：言論集
078　　　111007444

新公民議會叢書・第一冊

城邦與帝國：兩種文明的選擇

作　　者　韓非
校　　對　韓非、林金郎
發 行 人　張輝潭
出版發行　白象文化事業有限公司
412台中市大里區科技路1號8樓之2（台中軟體園區）
出版專線：（04）2496-5995　傳真：（04）2496-9901
401台中市東區和平街228巷44號（經銷部）
購書專線：（04）2220-8589　傳真：（04）2220-8505
專案主編　黃麗穎
出版編印　林榮威、陳逸儒、黃麗穎、水邊、陳媁婷、李婕
設計創意　張禮南、何佳諠
經紀企劃　張輝潭、徐錦淳、廖書湘
經銷推廣　李莉吟、莊博亞、劉育姍、林政泓
行銷宣傳　黃姿虹、沈若瑜
營運管理　林金郎、曾千熏
印　　刷　基盛印刷工場
初版一刷　2022年8月
定　　價　320元